Książka pt. „Jak poznawać siebie" napisana jest na podstawie wykładu wygłoszonego przez Andrzeja Moszczyńskiego.

Andrzej Moszczyński jest autorem 23 książek, 34 wykładów oraz 3 kursów. Pasjonuje go zdobywanie wiedzy z obszaru psychologii osobowości i psychologii pozytywnej.

Ponad 700 razy wystąpił jako prelegent podczas seminariów, konferencji czy kongresów mających charakter społeczny i charytatywny.

Regularnie się dokształca i korzysta ze szkoleń takich organizacji edukacyjnych jak: Harvard Business Review, Ernst & Young, Gallup Institute, PwC.

Jego zainteresowania obejmują następujące tematy: potencjał człowieka, poczucie własnej wartości, szczęście, kluczowe cechy osobowości, w tym między innymi odwaga, wytrwałość, wnikliwość, entuzjazm, wiara w siebie, realizm. Obszar jego zainteresowań stanowią również umiejętności wspierające bycie zadowolonym człowiekiem, między innymi: uczenie się, wyznaczanie celów, planowanie, asertywność, podejmowanie decyzji, inicjatywa, priorytety. Zajmuje się też czynnikami wpływającymi na dobre relacje między ludźmi (należą do nich np. miłość, motywacja, pozytywna postawa, wewnętrzny spokój, zaufanie, mądrość).

Od ponad 30 lat jest przedsiębiorcą. W latach dziewięćdziesiątych był przez dziesięć lat prezesem spółki działającej w branży reklamowej i obejmującej zasięgiem cały kraj. Od 2005 r. do 2015 r. był prezesem spółki inwestycyjnej, która komercjalizowała biurowce, hotele, osiedla mieszkaniowe, galerie handlowe.

W latach 2009-2018 był akcjonariuszem strategicznym oraz przewodniczącym rady nadzorczej fabryki urządzeń okrętowych Expom SA. W 2014 r. utworzył w USA spółkę wydawniczą. Od 2019 r. skupia się przede wszystkim na jej rozwoju.

www.andrewmoszczynski.com

Każdy z nas jest niepowtarzalny i wyjątkowy. Wszyscy rodzimy się z naturalną ciekawością świata, pragnieniem odkrywania, poznawania i tworzenia. Jak to się dzieje, że ta wyjątkowość, kreatywność, radość i swoboda ekspresji zatracają się gdzieś podczas dorastania i przypadającej na ten czas edukacji szkolnej? Czy powszechne systemy edukacji oparte na oświeceniowym przekonaniu, że wszyscy przychodzimy na świat jako „czysta tablica", którą można dowolnie zapisać, wspierają nasz rozwój i rozwijają nasze zdolności, czy jest wręcz przeciwnie? Czy szkoła, próbująca nas ukształtować według narzuconego przez system modelu i starająca się nas wpasować w ramy społecznych oczekiwań, na pewno jest warunkiem odniesienia sukcesu i spełnionego życia? Nie potwierdzają tego przykłady ludzi, którzy zdołali się wyłamać z tego systemu i pójść własną drogą. To samoucy – ci, którzy mimo braku formalnego, systemowego wykształcenia odnoszą sukcesy w przeróżnych dziedzinach i branżach, tworząc, wynajdując, unowocześniając, a często wręcz rewolucjonizując życie swoje i współczesnych im ludzi, czyniąc je lepszym i łatwiejszym.

Książka Sukcesy samouków – Królowie wielkiego biznesu, zawiera pięćdziesiąt biogramów nieprzeciętnych ludzi – przedsiębiorców samouków, którzy często wbrew ciężkim warunkom, biedzie i brakowi szkolnej edukacji odnieśli w życiu wielkie sukcesy, w sposób zasadniczy wpływając na świat, jaki znamy. Niech będą one dla Ciebie dowodem na to, że spełnione życie i sukces zależą przede wszystkim od pracy i samodzielnego rozwoju, a nie od formalnego wykształcenia.

Szczegóły dostępne na stronie: www.andrewmoszczynski.com

Jak poznawać
siebie

Zespół autorski:
Andrew Moszczynski Institute LLC

Redaktor prowadzący:
Alicja Kaszyńska

Zastępca redaktora prowadzącego:
Dorota Śrutowska

Redakcja:
Ewa Ossowska, Anna Skrobiszewska

Korekta:
Dorota Śrutowska

Konsultacja merytoryczna:
dr. Zofia Migus

Projekt graficzny:
Sowa Druk

ISBN: 978-83-65873-57-6

Wszelkie prawa zastrzeżone

Copyright © Andrew Moszczynski Institute LLC 2020

Andrew Moszczynski Institute LLC
1521 Concord Pike STE 303
Wilmington, DE 19803, USA
www.andrewmoszczynski.com

Licencja na Polskę:
Andrew Moszczynski Group sp. z.o.o.
ul. Grunwaldzka 472, 80-309 Gdańsk
www.andrewmoszczynskigroup.com

Licencję wyłączną na Polskę ma Andrew Moszczynski Group sp. z.o.o. Objęta jest nią cała działalność wydawnicza i szkoleniowa Andrew Moszczynski Institute. Bez pisemnego zezwolenia Andrew Moszczynski Group sp. z.o.o. zabrania się kopiowania i rozpowszechniania w jakiejkolwiek formie tekstów, elementów graficznych,
materiałów szkoleniowych oraz autorskich pomysłów sygnowanych znakiem firmowym AMI.

REKOMENDACJE

Krystyna Czubówna

Lubię ludzi, lubię robić coś co przyniesie im pożytek. Stąd też po zapoznaniu się z wykładami przyjęłam propozycję uczestniczenia w powstaniu ich wersji audio. Wiem, że taki sposób przekazu jest bardzo ważny dla ludzi mających kłopoty ze wzrokiem albo będących w ciągłym niedoczasie i wykorzystującym na przyswajanie nowej wiedzy godziny spędzane w samochodzie, pociągu czy autobusie.

Muszę przyznać, że *byłam pod wrażeniem inspirującej mocy wykładów*. Zastanawiałam się, skąd się ona bierze. Doszłam do wniosku, że poza inspirującą treścią jest coś jeszcze. Wyczuwalny w stylu pisania *szacunek do odbiorców wykładów i zrozumienie dla ich różnorodnych postaw, poglądów i przekonań*. A także *obrazowość idei* oraz *precyzja w doborze przykładów, pytań do osobistych przemyśleń i cytatów trafiających w sedno.*

Wykłady pokazują możliwe drogi, jednak nie wpychają na siłę na żadną z nich. *Zachęcają odbiorcę do samodzielnego szukania w sobie, tego*

co dobre, szlachetne, wartościowe. Do podejmowania prób zmiany swego życia na lepsze jakościowo poprzez szlifowanie osobowości, czy – jak powiedzieliby twórcy – strojenie osobowości.

Myślę, każdy z nas ma w sobie potencjał do wykorzystania. Że każdy może wieść dobre i satysfakcjonujące życie. Ja miałam szczęście, bo w moim życiu zadziałał przypadek. Przypadkiem trafiłam na rok do pracy w Komitecie Radia i Telewizji. Przypadkiem ktoś mnie tam usłyszał i wysłał na próbę mikrofonową. Dzięki temu odkryłam, że moim potencjałem jest głos, i znalazłam pracę, która mnie fascynuje do dziś. A gdyby tak się nie stało? Czy potrafiłabym świadomie szukać swojego przeznaczenia? Myślę, że bez odpowiedniego przewodnika byłoby to trudne. Dla Państwa takim przewodnikiem może być ta kolekcja wykładów. Serdecznie ją Państwu polecam.

Adam Ferency

Zbyt rzadko zastanawiamy się, jak ma wyglądać nasze życie. Każdy z nas chciałby być szczęśliwy, ale jest to najczęściej tylko jakieś mgliste wyobrażenie tego stanu. Rodzaj czekania na cud. Uświadomiłem sobie, że takie cuda zdarzają się rzadko, i właściwie tylko tym, którzy idąc za swoimi marzeniamim, intuicyjnie określą życiowe cele, a potem z uporem dążą do ich realizacji. Niestety, tego typu intuicja jest dana tylko nielicznym.

Większość z nas potrzebuje wsparcia, by iść do przodu. Takim wsparciem mogą być wykłady, w których nagraniu uczestniczyłem. Nie dają one gotowych recept, zgodnie zresztą z misją wydawcy – zawartą w słowach: Nie pouczamy, inspirujemy. To mi się podoba, bo specjalistów od „jedynie słusznych dróg" mamy już zbyt wielu. Podoba mi się także przewijająca się we wszystkich wykładach zachęta do zobaczenia w sobie wartościowego człowieka, który w każdym momencie może rozpocząć korzystne zmiany w swoim życiu, jeśli tylko naprawdę będzie tego chciał.

Zgadzam się z twórcami wykładów, że warto uwierzyć w swoje możliwości, dostrzec w sobie potencjał, na którym można zacząć budować „nowe" życie oparte na mądrym poczuciu własnej wartości. *W każdym z wykładów znalazłem przydatne narzędzia służące doskonaleniu osobowości.* Niektóre są unikatowe. Warto skorzystać choćby z tych, które pomagają określić cechy charakteru, typ inteligencji oraz mocne i słabe strony oraz pozwalają uzmysłowić sobie wartości nadrzędne, by uczynić z nich rzeczywisty drogowskaz kierujący w stronę realizacji marzeń i życiowej satysfakcji.

dr Zofia Migus

Patrząc na kolekcję wykładów przygotowaną przez Instytut i znając już ciekawą tematykę całości, zwróciłam uwagę na dwa aspekty. Przede wszystkim unikatowa forma przekazu treści. Większości z nas wyraz wykład kojarzy się ze statycznym, jednostronnym przekazem informacji. Uczeń, student, słuchacz siedział, a nauczyciel przekazywał treści dydaktyczne bardziej lub mniej interesująco. Jednak twórcy kolekcji odeszli od tego schematu. Wykłady zostały skonstruowane w inny sposób, dużo bardziej nowoczesny, chociaż nawiązujący do sokratejskich metod nauczania. Każdy z nich zawiera wiele pytań skierowanych do słuchacza, aby mógł już podczas czytania zatrzymać się i przemyśleć usłyszane treści. Wsparciem tego procesu są unikatowe ćwiczenia, które inspirują do formułowania własnych sądów i do tworzenia własnego punktu widzenia. To ogromna pomoc, a jednocześnie spełnienie zasady stosowania praktycznego działania w procesie poznawczym.

Drugi aspekt to przydatność publikacji. Moją uwagę zwróciło połączenie różnych kręgów odbiorców, zwłaszcza odbiorcy indywidualnego (w różnym wieku) z biznesowym. Autorzy wykładów wychodzą bowiem z nadzwyczaj słusznego, niestety nie zawsze docenianego założenia, że *na sukces firmy w głównej mierze składa się powodzenie każdego pojedynczego człowieka, który w niej pracuje*. Niezależnie od tego, jakie stanowisko zajmuje. W związku z tym dbałość o samopoczucie pracownika i jego życiową satysfakcję powinna stać się ważnym zadaniem dla zarządów firm i gremiów kierowniczych. Wykłady, które podejmują wiele ważkich tematów z dziedziny rozwoju osobistego mogą stać się istotną pomocą w realizacji tego zadania. Tym samym mogą przyczynić się do *wzmocnienia identyfikowania się z firmą, wzrostu motywacji, kreatywności, a także tolerancji na zmieniające się środowisko pracy*. Pomoże to w osłabieniu lub nawet eliminacji tak niekorzystnych zjawisk jak nadmierna absencja, fluktuacja kadr czy wypalenie zawodowe.

Jako filozof, nauczyciel i doradca biznesowy *polecam więc te kolekcję zarówno ludziom,*

pragnącym zmienić swoje życie prywatne, jak i firmom, których zamiarem jest stworzenie organizacji na miarę XXI wieku, efektywnej i satysfakcjonującej właścicieli oraz pracowników.

Danuta Stenka

Przypomina mi się ewangeliczna przypowieść o talentach... Pan przed wyjazdem wezwał swoje sługi. Jednemu dał pięć talentów, drugiemu – dwa, trzeciemu – jeden. Dwoje z nich pracowało i pomnażało swoje talenty. Ten, który dostał jeden talent, zakopał go w ziemi, a potem go oddał. Został za to ukarany, bo nie pomnożył tego, co otrzymał.

Tak mi się wydaje, że my – myślę tutaj o wszystkich ludziach na świecie – często przeżywamy życie bez świadomości skarbu, jaki posiadamy. Bez świadomości talentów, którymi zostaliśmy obdarowani. Bez świadomości potencjału, który może nam służyć. *Ten projekt pozwala dostrzec, że tkwią w nas ogromne możliwości*, i dlatego bardzo mi się podoba. Pokazuje, że ludzie osiągający sukcesy, robiący karierę, ludzie, o których myślimy, że dostali zdecydowanie więcej od losu, są właściwie tacy sami jak my. Oni tylko uświadomili sobie, że mają możliwości, że mają potencjał i zrobili z tego użytek. Mam nadzieję, że wykłady, które dostajemy

właśnie do ręki, pomogą wielu ludziom niemającym jeszcze tej świadomości, dokonać odkrycia, że posiadają ogromny skarb – talenty, żeby zdążyli z nich zrobić użytek i nie ukrywali w głębinach swojego wnętrza do końca życia.

Dodam jeszcze, że *chciałabym, żeby te teksty towarzyszyły także moim córkom u progu dorosłego życia.* Żeby miały je przy sobie i mogły do nich zajrzeć w chwilach zwątpienia, załamania czy niepewności. Wierzę, że pomogą im odzyskać zgubioną pewność i złapać właściwy kierunek.

Ja sama podczas czytania tych tekstów, przyznam szczerze, odkurzyłam sobie dawno zapomnianą wiedzę, dodałam do niej nowe aspekty. *Wiele dzięki temu zyskałam i bardzo się z tego cieszę.*

Jerzy Stuhr

Praca nad tymi wykładami uzmysłowiła mi, jaką osobowością ja sam dysponuję i co jeszcze powinienem w sobie zmienić, bo zawsze jest coś do zmiany. W tych tekstach znalazłem też potwierdzenie, że sukcesu w znaczeniu pieniądze i sława jeszcze nie można nazwać szczęściem. Dla mnie osobiście szczęściem jest bezpieczeństwo moich bliskich, radość z pracy, przezwyciężanie słabości czy chorób. Pomyślałem sobie, że właściwie to wszystko gdzieś we mnie jest. Ale nie zawsze uświadomione. Nie zawsze w postaci konkretnych myśli. Raczej jako towarzyszące mi od dawna poczucie, że sam jestem odpowiedzialny za swoje życie. W każdej sytuacji. Nawet w chorobie.

Wierzę, że każdemu ze słuchaczy, troszeczkę za moją pomocą, te wykłady również mogą podpowiedzieć, kim rzeczywiście jest i do czego powinien dążyć w swoim życiu, aby mógł uznać je za udane.

Spis treści

Jak poznawać siebie 27
Część utrwalająca 83
Słowniczek 121
Źródła i inspiracje 129

Jak poznawać siebie

Narrator

Co oznacza „poznanie siebie"?… Znajomość imienia, nazwiska, daty urodzenia, upodobań?… Intuicja podpowiada, że to zdecydowanie za mało, żeby dobrze wykorzystać swój potencjał i żyć pełnią życia. Niezbędne staje się wnikliwe wejrzenie we własne wnętrze. Uświadomienie sobie tego, co w nas jest najlepsze, a co zdecydowanie gorsze…

Jak zgłębić jedną z największych tajemnic swego życia, czyli jak poznać własną osobowość?…

Poznanie siebie to pasjonująca podróż w głąb umysłu. Co będzie odgrywało rolę przystanków w tej podróży?… Cechy osobowości! Im dokładniej je poznasz, tym bardziej się ze sobą zaprzyjaźnisz. Łatwiej Ci przyjdzie zwalczanie słabości oraz wzmacnianie mocnych stron. Zaczniesz mieć świadomość, kim i jaki jesteś… Pójdziesz drogą wyznaczoną przez poprzedników, tych opromienionych sławą lub zwyczajnie po ludzku szczęśliwych. Wszyscy oni dostrzegli w sobie potencjał i uruchomili go w dążeniu do życiowego spełnienia... Przezwyciężyli wady i złe nawyki oraz nie pozwolili, by ich możliwości pozostały niewykorzystane z powodu niskiej samooceny.

Prelegent
Każdy człowiek może być szczęśliwy i każdy może osiągnąć życiowe spełnienie. Powtarzajmy to wielokrotnie, bo uświadomienie sobie tej prawdy winno poprzedzać wszelkie działania w procesie pracy nad sobą. Każdy z nas ma nieograniczone możliwości, potencjał, który warto wykorzystać, by życie stało się satysfakcjonujące. Żeby trafnie określić, w jakich obszarach nasz potencjał jest największy, znajdźmy odpowiedź na kilka pytań: „Kim jestem?", „Jaki jestem?", „Do czego mam predyspozycje?". Zobaczymy wówczas, że posiadamy wiele cech, które możemy rozwinąć. Dostrzeżemy także te, którymi nie warto się zajmować. Wiedza o sobie wzmocni nasze poczucie własnej wartości. Jeśli chcemy zbudować dom, musimy utwardzić podłoże. Jeśli chcemy osiągnąć spełnienie, musimy poznać siebie.

Kiedy poznamy i zrozumiemy siebie w stopniu, w jakim jest to możliwe, będziemy mogli w pełni wykorzystać wszystko, co w nas drzemie, na przykład niedostrzegane do tej pory talenty. Będziemy mogli zrobić użytek z największych zalet. Nauczymy się rozumieć i kontrolować swoje reakcje. I jeszcze jedna ważna sprawa! Dzięki poznaniu siebie staniemy się bardziej obiektywni i wyrozumiali. Zmniejszą się też nasze skłonności do wyrażania pochopnych sądów o innych.

Nikt z nas nie staje się kimś nagle, w jeden dzień. Przygotowania do tego trwają przez całe nasze życie. GAIL GODWIN

Wokół widujemy ludzi, którzy spełniają się w każdej dziedzinie życia. Są świetni w pracy, mają poukładane relacje rodzinne, znajdują czas na rozwijanie zainteresowań. Co robią, że tak znakomicie im wszystko wychodzi?... Obserwując ich z zewnątrz, często mówimy: przypadek, niezwykły fart, odziedziczony talent. Niekiedy mamy wrażenie, że życie podaje im sukces i szczęśliwe chwile na tacy. To opinia nieprawdziwa i krzywdząca... Krzywdząca nie ich, a nas samych! Powoduje, że automatycznie czujemy się zwolnieni z odpowiedzialności za własny los. Uznajemy, że nie ma sensu się starać, skoro osiągnięcie zadowolenia i radości życia zależy jedynie od zwykłego zbiegu okoliczności lub genów. Nie ma bardziej błędnego i pesymistycznego twierdzenia. Podstawą spełnionego życia jest praca nad sobą, a jej początek to poznanie tajników własnej osobowości. Przekonajmy się o tym...

Narrator
Osobowość człowieka. Czym jest?... Wystarczy rozejrzeć się w najbliższym otoczeniu, żeby dostrzec, że ludzie – mimo przynależności do tego samego rodzaju – znacznie różnią się między sobą. Różnice nie dotyczą wyłącznie wyglądu zewnętrznego i takich cech, jak tembr głosu czy sposób poruszania się, choć te najłatwiej zauważyć. Każdy z nas zachowuje się inaczej, myśli inaczej, inaczej reaguje na te same zdarzenia. To, co jeden odbierze jako tragedię, dla drugiego będzie tylko niewielką przeszkodą do pokonania. To, co jednego rozśmieszy, dla innego

będzie żenujące. To, co jeden uzna za warte zachodu, drugi odrzuci od razu, z komentarzem: „Szkoda się wysilać!". Takich przykładów można podać nieskończenie wiele.

Z czego wynikają te różnice?... Ich źródłem jest nasza osobowość, byt bardzo dziwny, ale niezwykle ciekawy. Większość badaczy skłania się ku stwierdzeniu, że osobowość to zbiór cech, które decydują o tym, jak myślimy, jak odczuwamy, jak traktujemy siebie i innych, jak oceniamy wszystko, z czym stykamy się w ciągu naszego życia. Jest niepowtarzalna, swoista dla każdego z nas.

Prelegent

Czy cechy osobowości mogą się zmieniać?... I tak, i nie. Niektóre są uwarunkowane genetycznie, wynikają z budowy naszego organizmu – i te zasadniczo nie ulegają zmianom. Inne jednak pojawiają się w wyniku doświadczeń życiowych i kontaktów społecznych. Kształtują się od momentu poczęcia po śmierć. Najwięcej ich powstaje i utrwala się w dzieciństwie. Dlatego mówimy, że to ten okres decyduje o jakości dorosłego życia człowieka. Jeśli będziemy świadomi możliwości zmiany pewnych cech osobowościowych, będziemy mogli na nie wpływać, celowo wzmacniać bądź osłabiać, i w ten sposób przejmować odpowiedzialność za siebie oraz własne szczęście.

Co składa się na osobowość?... Próbuje to opisać wiele teorii. Jedna z najszerszych wśród jej składników wymienia: temperament, popędy, potrzeby, wartości, postawy, zdolności, uzdolnienia, talenty, zainteresowania, obraz samego siebie i świata oraz inteligencję w jej różnych wymiarach.

Temperament jest wrodzony i uwarunkowany fizjologicznie. Podlega pewnym przekształceniom w okresie dojrzewania i starzenia się, ale nie można go całkowicie zmienić. To istotna informacja! Żadnej z wypracowanych cech nie zatrzymamy na dłużej, jeśli będzie z nim sprzeczna. Pierwsza koncepcja temperamentu powstała już kilkaset lat przed naszą erą. Stworzył ją grecki lekarz Hipokrates, a zaproponowaną przez niego typologię udoskonalił inny starożytny medyk – Galen. Według nich, każdy człowiek reprezentuje jeden z czterech typów charakterologicznych. Może być melancholikiem, cholerykiem, sangwinikiem lub flegmatykiem. Czym różnią się poszczególne typy osobowościowe?

Sangwinik to wieczny optymista, otwarty i przyjazny dla ludzi, towarzyski, ale i… beztroski. Oczekuje podziwu i sympatii ze strony innych. Cechuje go spontaniczność i łatwość przystosowywania się do sytuacji. Jest kreatywny i pełen entuzjazmu. Ma ogromne poczucie humoru i bardzo wiele energii. Niekiedy staje się władczy i dominujący. Bywa też zarozumiały i wyniosły.

Choleryk to także optymista, ale o gwałtownym usposobieniu. Jest bardzo energiczny, bywa nawet nadmiernie aktywny. Wykazuje zdolności organizacyjne. Łatwo podejmuje decyzje. Potrafi ofiarnie pracować dla potrzeb grupy, dlatego wzbudza respekt i zaufanie. Nie znosi sprzeciwu. Szybko traci panowanie nad sobą. Jest drażliwy, impulsywny, wybuchowy i zmienny.

Flegmatyk to przeciwieństwo choleryka. Jest zrównoważony i niezwykle wytrwały. Z trudem przyzwyczaja się do zmian. Niechętnie uzewnętrznia uczucia. Cechuje go ostrożność, powaga, wysoki stopień kontroli i opanowania. Potrafi dokonywać obiektywnych ocen. Jest łagodny, pojednawczy, solidny, cierpliwy i współczujący, ale też nieufny, zdystansowany i chłodny.

Melancholik to życiowy pesymista. Apatyczny i pełen lęków. Ma trudności z podejmowaniem decyzji. Nie wierzy ani w siebie, ani w innych. Jest powściągliwy, refleksyjny i nietowarzyski. Unika skupisk ludzkich. Trudno znosi krytykę. Wiele czasu poświęca na planowanie działań, ale jeśli czymś się zajmuje, robi to bardzo dobrze.

Narrator
Który z tych typów temperamentu najpełniej odzwierciedla Twoje przekonania o sobie?… Jesteś optymistycznym sangwinikiem, czy pesymistycznym melancholikiem?… A może masz więcej cech choleryka lub flegmatyka?… Jeśli wybór sprawia Ci trudność, zastanów się, kim na pewno nie jesteś. Może drogą eliminacji szybciej dojdziesz do ustalenia dominującego typu osobowości.

Prelegent
Zatrzymajmy się jeszcze przy innej koncepcji temperamentu. Przedstawiła ją Marlane

Miller w książce Style myślenia. Badaczka zauważyła, że różnimy się od siebie właśnie stylem myślenia. Stosując to kryterium, wyodrębniła cztery grupy ludzi: myślicieli, znawców, konceptualistów i rozjemców. Posłuchaj uważnie, czym się różnią te rodzaje temperamentu. Zastanów się, kim Ty jesteś... Jaki styl myślenia dominuje w Twojej osobowości?

Myśliciel. Nie podejmuje decyzji od razu. Najpierw ocenia sytuację i zastanawia się, co można zrobić, potem planuje. Gdyby któreś rozwiązanie niosło ze sobą możliwość konfliktu, będzie dążył do ugody. Nie kieruje się emocjami, bo według niego to nieracjonalne i nie może przynieść nic dobrego. W istotnych sprawach nigdy nie zmienia zdania. Doskonale radzi sobie z analizą i porządkowaniem faktów, gorzej jednak wypada w relacjach międzyludzkich.

Znawca. Szybko orientuje się w sytuacji, bez głębszej analizy wyciąga wnioski i podejmuje decyzję. Myśli w kategoriach czarne–białe. Trudno mu pójść na kompromis. Często dąży do konfrontacji, bo wierzy w swoje zwycięstwo. Przedstawiane przez niego rozwiązania są praktyczne i sensowne, ale nie zawsze uwzględniają potrzeby innych. Stąd wynikają jego kłopoty ze współpracą w grupie.

Konceptualista. Udziela odpowiedzi ogólnych bądź niejasnych. Intuicyjnie wie, jak rozwiązać problem, ma jednak trudności z przekazywaniem swoich przemyśleń innym. Nie zwraca uwagi na detale. Bywa nierozumiany, dlatego raczej stroni od towarzystwa. Cechuje go skłonność do ryzyka i poszukiwania nowych dróg. Ten styl myślenia jest typowy dla wizjonerów i wynalazców.

Rozjemca. Szybko udziela odpowiedzi, która jest oparta głównie na emocjach. Większą uwagę niż na problemy zwraca na relacje międzyludzkie. Unika konfliktów i konfrontacji. Jest przyjacielski, rozmowny i empatyczny, a także nieprzewidywalny i spontaniczny. Często żałuje swoich wybuchów emocji. Nie potrafi być neutralny w ocenach. Kieruje się intuicją. Z łatwością snuje nowe wizje. Może wywierać inspirujący wpływ na innych.

Narrator
Czy znasz już odpowiedź na postawione wcześniej pytanie?… Kim jesteś według typologii

Marlane Miller?… Bliżej Ci do myśliciela czy do znawcy?… Konceptualisty czy rozjemcy?… Niełatwo Ci się zdecydować?… Nic dziwnego. Granice między poszczególnymi typami są płynne, stąd Twoje wątpliwości. Nie zniechęcaj się jednak. Rozważ, w której charakterystyce jest najwięcej cech odpowiadających Twojemu temperamentowi, a może wówczas przekonasz się, że i pozostałe pasują do Twojego usposobienia, tylko wcześniej ich nie dostrzegałeś…

Prelegent

Cechy osobowości to także zdolności, uzdolnienia i talenty. Pozwalają one na uzyskiwanie pomyślnych, a nawet ponadprzeciętnych rezultatów w danej dziedzinie. Człowiek jednak nie może ich nabyć. Jest nimi obdarzony. W kilku procentach to one decydują o powodzeniu podejmowanych działań. Reszta, czyli ponad 90 procent!, to kwestia cech, które możemy w sobie rozwinąć. Przykładem jest wytrwałość w dążeniu do celu, wnikliwość pozwalająca znaleźć nowe rozwiązania i odwaga, dzięki której mamy siłę pokonać lęk i podążać nową drogą.

Na ludzką osobowość składają się także popędy i potrzeby. **Popędy** to silne, biologicznie uwarunkowane pragnienia człowieka, wymagające zaspokojenia, trudne do opanowania. **Potrzeby** zaś to stan braku charakteryzujący się odczuwanym psychicznie i fizycznie napięciem domagającym się redukcji. Abraham Maslow ułożył je w hierarchię. Jego zdaniem w pierwszej kolejności człowiek zaspokaja potrzeby fizjologiczne, potem bezpieczeństwa i afiliacji, czyli przynależności, a następnie miłości, szacunku i uznania społecznego oraz samorozwoju. Przy czym pamiętajmy, że zaspokojenie potrzeb niższego rzędu nie musi być całkowite. Świadczą o tym zachowania człowieka w warunkach ekstremalnych... Na przykład mimo pragnienia i głodu potrafi się on podzielić minimalną ilością jedzenia i wody. Zaspokojenie potrzeby przynależności, czyli więzi społecznych, staje się ważniejsze od pełnej realizacji potrzeb fizjologicznych.

Kolejnym składnikiem osobowości są **zainteresowania**. Skąd się biorą?... Rodzą się na styku potrzeb i zdolności, a wyrażają się w podejmowaniu działań przynoszących satysfakcję i zadowolenie. Zainteresowania mogą łączyć się z pracą zawodową lub wypełniać czas wolny.

Narrator
Wymienione wyżej składniki osobowości w dużym stopniu są uwarunkowane genetycznie i niezależne od człowieka. Kolejny zaś jest wyuczalny... To postawa. W umyśle każdego z nas, świadomie bądź nie, powstaje emocjonalna reakcja na wszystko, czego doświadczamy naszymi zmysłami: co widzimy lub słyszymy, czego dotykamy, co czujemy węchem lub smakujemy. W zasadzie możemy wyróżnić trzy rodzaje postaw: akceptacji, odrzucenia i obojętną, choć co do tej trzeciej wyrażane są wątpliwości. Wielu badaczy uważa, że żadna postawa nie może być nazwana obojętną, bo jeśli czegoś nie odrzucamy, to znaczy, że się na to zgadzamy, a zgoda jest już rodzajem akceptacji. Postawa może być źródłem stereotypów i uprzedzeń, szkodliwych i krzywdzących, ale można ją świadomie zmienić. Czy widzisz w tym swoją szansę?...

Prelegent

Ważnym aspektem osobowości, który w dużym stopniu wynika z postaw, będzie obraz samego siebie i otaczającego świata. Składa się on z uczuć, wyobrażeń oraz wiedzy o sobie i środowisku. Wszystko, co napotykamy na naszej drodze, wliczając w to nas samych, bez przerwy obserwujemy. Obserwujemy i oceniamy: czy jest zgodne z naszą wiedzą i wyobrażeniami, czy nie. Na dodatek przepuszczamy to jeszcze przez filtr emocji. Elementami obrazu własnej osoby są przekonania na temat swojego wyglądu, poczucie własnej wartości i świadomość istniejącego w nas potencjału. Na obraz świata składają się opinie dotyczące otoczenia oraz oczekiwania wobec innych ludzi i sytuacji. Obraz świata, podobnie jak samego siebie, nie jest niczym trwałym i może się zmienić, jeśli dodamy lub zmienimy któryś z elementów wpływających na nasze widzenie rzeczywistości.

Prawie nigdy nie możesz być pewny, że masz wszystkie informacje, żeby rzetelnie ocenić to, co odbierasz zmysłami. Zapach spalenizny może świadczyć o ogromnym pożarze albo… o przypalonym obiedzie. Gorzki smak – to może być trucizna albo... lekarstwo. Odpychający wygląd wskaże na zaniedbanie albo... chorobę. Nie będziesz wiedzieć, póki nie zdobędziesz wystarczająco dużo danych na temat bodźca, który dotarł do Twojego umysłu.

> Osobowość kształtuje się nie poprzez piękne słowa, lecz pracą i własnym wysiłkiem.
> ALBERT EINSTEIN

Jak kształtuje się osobowość?... Jej fundamentem są czynniki biologiczne, czyli geny. Na tej bazie modeluje nas aktywność własna i, celowy bądź mimowolny wpływ otoczenia. Podstawy osobowości tworzą się w wieku przedszkolnym, jednak wiele istotnych elementów pojawia się później. Najpierw zyskujemy świadomość własnej osoby i uczymy się wyodrębniać siebie z otoczenia. Zupełnie tak, jakbyśmy mówili: „O, jestem!". To widać u dwulatków, które z radością rozpoznają się w lustrze lub na fotografii. Początkowo ta wiedza jest powierzchowna i ogranicza się do rozpoznawania własnej sylwetki – „Tak wyglądam!", posiadanych rzeczy – „To moje!", i umiejętności

– „To potrafię!". Jednak małe dziecko nie łączy tych odkryć ze sobą. Nie tworzą one w jego umyśle jednolitej struktury. Istnieją osobno. Dopiero w pierwszej fazie wieku szkolnego powstaje system osobowości wielowymiarowy i spójny. Jego ważnym elementem staje się samoocena. Jeśli jest wysoka, towarzyszy jej przekonanie o sensie uznawanych wartości i zasad, koncentrowanie się na tu i teraz, wiara we własny potencjał, poczucie równości, radość życia i zainteresowanie potrzebami innych ludzi. To wszystko najłatwiej ukształtować w dzieciństwie. Bardzo często jednak rodzice popełniają wiele błędów w wychowywaniu własnych dzieci. Niektórzy zbyt wysoko stawiają poprzeczkę, budują atmosferę wiecznego współzawodnictwa. Raczej karzą niż nagradzają, są zbyt surowi i nie pozwalają na żadne dyskusje, co prowadzi do zaniżonej samooceny. Inni zaś powielają źle rozumiane idee wychowania bezstresowego: nie stawiają granic, nadmiernie pobłażają i rozpieszczają, czego efektem jest samoocena nierzeczywista, zbyt wysoka. Konsekwencje obu krańcowych postaw są dla dziecka bolesne. Trudno mu później znaleźć miejsce w społeczeństwie, co kończy się frustracją.

W rozwoju osobowości wyróżniamy kilka **momentów przełomowych**. Często mają one charakter kryzysów. Dotychczasowe badania wskazują, że każdy z nas przeżywa w ciągu życia osiem takich przełomów. Który jest najbardziej spektakularny?… Na pewno **okres dojrzewania**. Nieuniknione są wtedy konflikty z otoczeniem, pojawia się wiele dylematów natury filozoficznej i egzystencjalnej. Młodzi ludzie zadają pytania: „Kim jestem naprawdę?", „Co stanowi sens życia?", „Dokąd zmierzam?". Dochodzą do tego problemy związane z płciowością. Nastolatki odrzucają świat dorosłych. Rodzice i nauczyciele tracą pozycję autorytetów. Co pojawia się w ich miejsce?… Nowe wzorce. Mogą być zgubne – często młodzi szukają ich w środowiskach nieaprobowanych przez rodziców. Wszystko to razem stanowi tygiel, w którym mieszają się sprawy ważne i nieważne. Chwilowe trudności zostają podniesione do rangi najistotniejszych kwestii życiowych, a ważne problemy są spychane na dalszy plan. Z tego chaosu wyłonią się po kilku latach zręby dojrzałej osobowości.

Dojrzewanie kończy się w wieku około 25 lat. Proces rozwoju wewnętrznego toczy się jednak do końca życia. Osobowość to struktura dynamiczna. Przeobraża się pod wpływem nowych doświadczeń, a tych przecież nie brakuje. Codziennie dzieje się coś nowego, spotykamy nowych ludzi, przytrafiają się nam nowe sytuacje, podejmujemy nowe wyzwania. Z biegiem lat wiele spraw traci na znaczeniu, inne zaś znaczenie zyskują. Tak jest na przykład z płciowością człowieka, pragnieniem posiadania dzieci, chęcią zrobienia kariery czy koniecznością zmierzenia się z syndromem „pustego gniazda".

Trudnym momentem w życiu jest zakończenie kariery zawodowej i związane z tym poczucie odrzucenia. Rozejrzyj się! Może masz w rodzinie starszą osobę, która straciła pracę lub przeszła na emeryturę?… Pomóż jej znaleźć nową formę aktywności, to najlepszy sposób na poczucie osamotnienia. Być może zainteresuje ją osiedlowe koło szachowe, fotografia lub gimnastyka, jakiś rodzaj pracy albo wolontariat. Wskaż kierunki. Jeśli potrafisz zainteresować starszego człowieka propozycją wyjścia z domu, wybór zajęcia nie będzie już dla niego taki trudny. Ważne, by dawało mu satysfakcję i poczucie przynależności do społeczeństwa mimo zmienionej sytuacji życiowej.

Narrator

Momenty przełomowe, które przechodzimy w cyklu życia, to chwile trudne, a często kryzysowe. Równocześnie niezwykle ważne. Wzbogacają nasze doświadczenia i kształtują postawę wobec życia. Czy wyobrażasz sobie, kim byłbyś dzisiaj, gdybyś nie przeżył żadnej sytuacji kłopotliwej, wymagającej wyrzeczeń, determinacji lub odwagi?… To dzięki takim zdarzeniom stajemy się coraz dojrzalsi. Postawę, o której mówiliśmy, formuje wychowanie i środowisko, w którym przebywamy. Wpływ na naszą osobowość ma także inteligencja. Zwróć uwagę: inteligencja, a nie poziom IQ! Kiedyś uważano te pojęcia za jednoznaczne, jednak współcześni badacze odchodzą od tej koncepcji i skłaniają się ku twierdzeniu, że jest wiele różnych typów inteligencji.

Prelegent

Współczesny amerykański psycholog Howard Gardner uważa, że inteligencja jest unikatową kombinacją ośmiu zdolności. Określają one indywidualny profil każdego człowieka. Wyróżniamy więc inteligencję lingwistyczną, czyli językową; logiczno-matematyczną; muzyczną; wizualno-przestrzenną; kinestetyczną, inaczej motoryczną; interpersonalną; intrapersonalną, czyli intuicyjną; oraz naturalistyczną, zwaną też przyrodniczą.

Ci, którzy odkryli, jakim rodzajem inteligencji dysponują, i które kompetencje mają najbardziej rozwinięte, a potem na nich oparli swoje życie zawodowe, osiągnęli znacznie więcej niż inni. Przykład?… Większość z nas słyszała o serii książek, których bohaterem jest Harry Potter. Ich autorka Joanne Kathleen Rowling, tworząc barwny świat swoich powieści, wykazała się wysokim poziomem inteligencji językowej, logicznej i przestrzennej. Konsekwencja w rozwijaniu naturalnych talentów sprawiła, że nikomu nieznana sekretarka i nauczycielka angielskiego stała się najpoczytniejszą autorką świata, a seria książek o młodym czarodzieju sprzedała się w ponad 400 milionach egzemplarzy. Jak do tego doszło?…

Aby żyć w zgodzie z innymi, człowiek musi najpierw pogodzić się z samym sobą. JAN TWARDOWSKI

Rowling od dziecka chciała zostać pisarką. Talent do snucia opowieści odkryła w sobie już jako sześcioletnia dziewczynka. Chciała studiować w Oksfordzie, ale nie zdała egzaminów wstępnych. Ukończyła więc romanistykę w Exeter. Po studiach pracowała między innymi w Amnesty International. Pomysł na opowieść o szczupłym, czarnowłosym chłopcu, który nie wie, że jest czarodziejem, zrodził się w jej głowie jeszcze w 1990 roku, w opóźnionym o cztery godziny pociągu relacji Manchester–Londyn, ale pierwsze trzy rozdziały książki powstały dopiero trzy lata później. Powody?... Śmierć matki w wieku zaledwie 45 lat oraz wyjazd do Portugalii i nieudane małżeństwo, które rozpadło się po 13 miesiącach. Efektem traumatycznych przeżyć była głęboka depresja. Kiedy przyszła pisarka z maleńką córeczką wróciła do Anglii, znalazła się w niewesołej sytuacji. Brak pracy, dziecko na utrzymaniu. Mimo to odkryła w sobie siłę, by na nowo ułożyć sobie życie, a przede wszystkim, by dokończyć książkę. Trudne doświadczenia stały się dla niej źródłem inspiracji i znalazły odbicie w postaciach i fabule pierwszego tomu Harry'ego Pottera. Wykorzystywała na pisanie każdą chwilę. Przezwyciężyła pojawiające się trudności, wejrzała w głąb siebie i odkryła, w czym jest naprawdę dobra. Potwierdził się wysoki poziom jej inteligencji językowej, logicznej i przestrzennej.

Narrator
Co oznacza dla nas teoria Gardnera – zdaniem wielu rewolucyjna?… Nie ma ludzi nieinteligentnych. Każdy jest uzdolniony, lecz… inaczej! Stopień, w jakim dana zdolność się rozwinie u konkretnego człowieka, w jakiejś mierze zależy od predyspozycji wrodzonych, ale także od środowiska, w jakim się wychował, systemu edukacji i… od tego, czy miał szansę rozpoznać swój talent. Niestety, od lat propagowane testy na inteligencję sprawdzają wyłącznie logiczne myślenie, a to tylko jeden z jej aspektów. Takim testem można sobie lub dziecku zrobić ogromną krzywdę. Człowiek może się nigdy nie dowiedzieć, że ma talent plastyczny lub muzyczny, za

to zapamięta, że nie nadaje się do Mensy, bo jego IQ jest poniżej normy!

Prelegent
Powodzenie poczynań człowieka zależy nie tylko od rozpoznania typu inteligencji, którym cechuje się jego umysłowość, lecz także od poziomu inteligencji emocjonalnej. Jest ona niezależna od naszych talentów. Daniel Goleman, twórca terminu, inteligencją emocjonalną nazywa zdolność do rozpoznawania stanów emocjonalnych u siebie i innych ludzi oraz umiejętność kontrolowania własnych emocji i radzenia sobie ze stanami emocjonalnymi innych. Czy chciałbyś nauczyć się panować nad emocjami?... Wygaszać uczucia negatywne, a rozwijać w sobie pozytywne?... Zapewne tak.

Im większa umiejętność opanowywania emocji i uczuć, tym wyższa inteligencja emocjonalna danej osoby. W skład inteligencji emocjonalnej, według Daniela Golemana, wchodzą trzy grupy kompetencji. Pierwsza to kompetencje psychologiczne. Składają się na nie: umiejętność rozpoznawania własnych stanów emocjonalnych, poczucie własnej wartości, wiara we własne siły, świadomość swoich możliwości i ograniczeń oraz umiejętność kontrolowania emocji. Drugą grupą są kompetencje społeczne. Należą do nich: empatia, czyli umiejętność doświadczania stanów emocjonalnych innych; asertywność, czyli wyrażanie własnego zdania i emocji; umiejętność wpływania na innych; przywództwo rozumiane jako zdolność do inspirowania oraz umiejętność współdziałania. Trzecia grupa to kompetencje prakseologiczne. Zaliczamy do nich: motywację, zdolności przystosowawcze oraz sumienność i konsekwencję w działaniu.

Łatwo zauważyć, że kompetencje psychologiczne odnoszą się do nas samych, społeczne – do naszych kontaktów z innymi, prakseologiczne zaś są cechami umożliwiającymi osiągnięcie wytyczonego celu. Dużo?… Dużo! Jednak… Po pierwsze, nie potrzebujemy wszystkich kompetencji, choć wiele z nich każdemu z nas się przyda. Jeśli na przykład nie musimy niczym zarządzać, to rozwijanie kompetencji przywódczych nie będzie nam specjalnie potrzebne. Nie każdemu też przydadzą się mocno rozwinięte umiejętności perswazyjne. Po drugie, kompetencje dają się wzmacniać. Może nie zawsze dojdziemy do doskonałości, ale z pewnością osiągniemy poziom zadowalający!

Narrator
Z dotychczasowych rozważań wynika, że poznawanie siebie to złożony proces. Proces, który w zasadzie nie kończy się nigdy… Cechy temperamentu, predyspozycje, talenty i kompetencje odkrywamy od wczesnego dzieciństwa do późnej starości. Dobrze jest mieć tego świadomość. Warto znaleźć czas, by zastanowić się nad swoją osobowością bez względu na wiek. Jest ona bowiem nie tylko wynikiem dziedzictwa genetycznego, lecz także wychowania, kontaktów ze środowiskiem i pracy nad sobą. Przypomnijmy, że składają się na nią między innymi popędy i potrzeby, temperament, wartości, postawy, zdolności, uzdolnienia, talenty, zainteresowania, obraz samego siebie i świata oraz inteligencja w jej różnych wymiarach. Liczne przykłady dowodzą, że od czasu i energii, które poświęcimy, by ją rozwinąć, zależy życiowe spełnienie.

Warto zwrócić szczególną uwagę na poznanie typów inteligencji dominujących we własnej osobowości. Łatwiej nam będzie realistycznie ocenić swoje możliwości. A od tego zależy, czy trafnie wybierzemy drogę życiową, co jest jednym z warunków satysfakcjonującej egzystencji. Zadbajmy także o rozwój inteligencji emocjonalnej, która pozwala kształtować relacje z otoczeniem z korzyścią dla wszystkich.

Przejdźmy teraz do innych istotnych elementów osobowości. Przyjrzyjmy się dokładniej naszym cechom charakteru, mocnym i słabym stronom oraz rządzącym nami nawykom. Zanim jednak podejmiemy próby ich kształtowania, zastanówmy się, czy potrafimy je wskazać. Czy wiemy, które cechy najczęściej ujawniają się w naszym postępowaniu?... Czy są pozytywne i chcemy je wzmocnić, czy też przeszkadzają nam w osiągnięciu szczęścia i powinniśmy je osłabić?...

Zaczniemy od cech pozytywnych, potem pomyślimy nad tym, jakie mamy wady i co możemy z nimi zrobić. Następnie, na bazie wcześniej zdobytej wiedzy, spróbujemy ustalić swoje mocne i słabe strony. Może to być trudne, bo tych pierwszych dostrzec nie potrafimy, a drugich – nie chcemy. Jak więc postępować?... Dowiesz się za chwilę. Poznasz też metody skutecznej walki ze złymi nawykami, zanim zdominują Twoją osobowość...

Prelegent
Cech pozytywnych jest bardzo wiele i nie sposób wymienić tu wszystkie. Zwróćmy uwagę na te, które najbardziej wpływają na nasze postępowanie. Należą do nich między innymi: obowiązkowość; odpowiedzialność; wytrwałość oraz odwaga rozumiana jako działanie zgodne z własnymi przekonaniami, bez względu na konsekwencje. Poza tym: wrażliwość, czyli liczenie się z emocjami innych; życzliwość; uczciwość; ciekawość świata; otwartość na nową wiedzę; opanowanie; dystans do siebie; samodzielność; zaradność; altruizm, czyli chęć udzielania bezinteresownej pomocy oraz empatia; łagodność; racjonalna wiara w siebie i innych; miłość do ludzi i poczucie więzi z nimi. A także: dający siłę do działania entuzjazm oraz zawsze przydatna cierpliwość i lojalność. Inne pozytywne cechy osobowości to: delikatność w sposobie bycia, takt,

rozsądek, skromność, pokora, optymizm i radość życia.

> Jestem optymistą. Bycie kimkolwiek innym nie wydaje się do czegokolwiek przydatne.
> WINSTON CHURCHILL

O dojrzałej osobowości mówimy wtedy, gdy potrafimy dostrzec i nazwać charakteryzujące nas cechy. Wiele z nich ceniono już w starożytności. Platon dostrzegał znaczenie rozumu, męstwa, umiaru i sprawiedliwości. Etyka hinduska od dawna na pierwszym miejscu stawia altruizm i empatię, z czym łączy się zakaz krzywdzenia istot żywych, konieczność współodczuwania i robienia dobrych uczynków. W starożytnych Chinach gloryfikowano miłość i szacunek dla starszych, a także umiejętność odpowiedniego zachowania się, czyli znajomość obyczajów i etykiety. Wybitny mędrzec Konfucjusz zalecał, by traktować wszystkich z szacunkiem należnym urodzeniu i pozycji społecznej.

Zatrzymajmy się na dłużej przy trzech cechach przydatnych każdemu, bez względu na wiek, wykształcenie czy wykonywany zawód.

Są to: empatia, altruizm i łagodność. Łączy je nakierowanie na innych ludzi.

Empatia... Ktoś kiedyś ładnie powiedział, że to umiejętność odczuwania cudzego bólu we własnym sercu. Czy to jest równoznaczne współczuciu?... Niezupełnie. Współczucie ma w sobie jakąś domieszkę litości. Powiedzielibyśmy raczej, że empatia to współodczuwanie, umiejętność rozumienia drugiego człowieka, jego stanu emocjonalnego. Łączy się z chęcią niesienia pomocy i pozwala na nadanie jej odpowiedniej formy. Możesz powiedzieć, że to proste..., że każdy przyzwoity człowiek pomaga innym. Czy wiesz jednak, że nie każda pomoc drugiemu łączy się z empatią?... Pomaganie to zaspokajanie czyichś potrzeb. Może ograniczać się do form najprostszych: wpłat pieniędzy na jakiś cel pod wpływem impulsu, zrealizowania czyjejś prośby o pomoc na przykład w przeniesieniu czy przewiezieniu czegoś, załatwienia jakiejś sprawy przy okazji. To można zrobić, nie będąc osobą empatyczną. Wystarczy być dobrze wychowanym. Empatia natomiast oznacza wrażliwość na potrzeby drugiego człowieka i pozwala nieść pomoc w celowy i sensowny sposób, choć nie zawsze jest to tak łatwe, jak przekazanie datku pieniężnego czy rzeczowego. Empatia niweluje lub osłabia gniew i agresję, a wzmacnia zdolność do kompromisów. Dzięki niej potrafimy sobie na przykład wyobrazić, dlaczego nasz oponent zajmuje przeciwne stanowisko. Jesteśmy w stanie zrozumieć, a jeśli trzeba… wybaczyć.

Czy można nauczyć się empatii?… Pewien stopień wrażliwości na potrzeby i uczucia innych ma każdy z nas. Może więc wystarczy wzmocnić w sobie tę cechę?… Od czego zacząć?… Od umiejętności słuchania. Czy potrafisz skupić się na słowach drugiego człowieka?… Łatwo możesz się o tym przekonać. Przypomnij sobie, czy zdarzyło się, że ktoś swoim opowiadaniem Cię zniecierpliwił lub w czasie rozmowy powiedział z wyrzutem: „Ty mnie nigdy nie rozumiesz!". Jeśli tak, to może słuchasz nie dość wnikliwie lub zbyt szybko oceniasz czyjeś postępowanie.

Narrator
Niestety, łatwiej nam osądzać ludzi niż rozumieć ich uczucia. A osądzanie jest informacją wysyłaną do innych. Jaką?… „Rozmawiasz

z sędzią". Rodzi to strach, ból emocjonalny, dystans. Czy nie lepiej stać się kimś, kto wspiera, kto wzmacnia, dodaje otuchy, pokazuje rozwiązania?… Stephen Covey uważał, że powinniśmy być jak latarnie oświetlające innym drogę. Najpierw więc cierpliwie słuchajmy i próbujmy zrozumieć, a potem dopiero zastanawiajmy się, wspólnie z potrzebującym, nad strategią udzielenia pomocy.

Prelegent
Empatii można się nauczyć od innych. Pisarka Helen Keller, żyjąca na przełomie XIX i XX wieku, w dzieciństwie straciła wzrok i słuch. Do normalnego życia pomogła jej wrócić osoba o niezwykłej wrażliwości, nauczycielka Anne Sullivan, która sama była prawie niewidoma. Cierpliwie szukała sposobu na porozumienie z Helen, na przykład poprzez „literowanie" słów na jej ręku. Z czasem dziewczynka zaczęła czytać i pisać brajlem, a potem także mówić. Od swojej opiekunki przejęła również empatię. Jak rzadko kto potrafiła wczuć się w sytuację innych i angażować całym sercem w pomoc ludziom. „Życie zawsze ma sens dla tego, kto potrafi ukoić ból

bliźniego" – mawiała Helen Keller. Czy to nie najlepsza pochwała empatii?... W dzisiejszych czasach ta cecha nie jest modna. Słyszymy: „Dbaj o własne sprawy", „Zaspokajaj swoje potrzeby!", „Masz jedno życie!", „Niech się każdy martwi o siebie!". Szkoda... Życie warto dzielić z innymi...

O empatii była już mowa w Piśmie Świętym. Samo słowo się tam oczywiście nie pojawia, ale wiele wersetów biblijnych odwołuje się do tej cechy. Apostoł Piotr radził chrześcijanom, by okazywali sobie wzajemne zrozumienie, uczucia braterskie i współczucie, rozumiane jako współodczuwanie. Apostoł Paweł zachęcał zaś: „Weselcie się z tymi, którzy się weselą. Płaczcie z tymi, którzy płaczą. Bądźcie zgodni we wzajemnych uczuciach". Czyż to nie jest najlapidarniej wyrażona zachęta do okazywania empatii?... Rozwijajmy w sobie tę cechę, bo wzbogaca ona osobowość i wzmacnia więzi międzyludzkie.

Z empatią łączy się niewątpliwie altruizm, pojęcie, któremu odpowiada chrześcijańska idea usługiwania innym. To cecha ludzi wielkich. Wyjątkowa, godna najwyższego szacunku. Oznacza postawę ukierunkowaną na osiąganie celów pozaosobistych oraz bezinteresowną pomoc. Altruistę cechuje pokora i gotowość do rezygnacji z własnej pozycji na rzecz innych, jeśli jest taka potrzeba. Czy w takim razie powinniśmy całkowicie zapomnieć o sobie?... Albo przestać się cenić?... Absolutnie nie! Altruizm to nie upokarzanie siebie, lecz rezygnacja z postawy egoistycznej, która stawia na centralnym miejscu w życiu jednostki jej osobiste dążenia i potrzeby.

W miejscu pracy postawa altruistyczna wobec podwładnych i współpracowników nie oznacza rezygnacji z wymagań. Uważna obserwacja zespołu umożliwia odróżnienie celowego zaniedbania, co jest naganne, od zwykłych ludzkich pomyłek lub błędów wynikających z braku wiedzy. Sprawiedliwość zaś połączona z wyrozumiałością powinna przynieść efekty w postaci identyfikowania się załogi z celami firmy. Tę identyfikację wzmacnia także gotowość przełożonych do udzielania różnego rodzaju pomocy pracownikom. Czy w Twoim miejscu pracy lub nauki zaobserwowałeś przejawy postawy altruistycznej?... Czy kogoś możesz pod tym względem wyróżnić?...

Zastanówmy się teraz, czy w rodzinie też jest miejsce na altruizm… Jak najbardziej! Zbyt często o tym zapominamy. Jak się przejawia?… To na przykład poszanowanie decyzji współmałżonka, wspieranie go w realizacji marzeń, docenianie jego zainteresowań, nawet jeśli się ich nie podziela. To także codzienna wzajemna życzliwość i troska oraz chęć niesienia pomocy osobom spoza rodziny. Dzieci, które obserwują taką postawę, uczą się od najmłodszych lat pomagać potrzebującym. Czy można wspomóc tę naukę?… Oczywiście, że tak. Pokazujmy, na czym polega bezinteresowna pomoc i jakie efekty daje troszczenie się o to, co wspólne! Wyznaczajmy obowiązki odpowiednie do wieku syna lub córki. Nie płaćmy dzieciom za prace domowe wykonywane dla wspólnego pożytku. Wystarczającą nagrodą niech będzie pochwała i podziękowanie, wyrażone szczerze i z uśmiechem. Warto podkreślać, jak ważna dla całej rodziny jest praca każdego z jej członków. To wzbudza pozytywne uczucia i wzmacnia postawę altruistyczną. Uczmy też dzielenia się z innymi. Młodsze dzieci można zachęcić do oddania kilku zabawek rówieśnikom, którzy mają ich niewiele, starszym zaś zaproponować działanie w ramach wolontariatu. Mimo że altruizm jest nakierowany na innych, to właśnie on może sprawić, iż poczujemy się prawdziwie spełnieni i osiągniemy tak upragniony spokój i harmonię. Inspiracją do rozwijania tej szlachetnej cechy niech będą słowa Jezusa przypomniane w Dziejach Apostolskich: „Więcej szczęścia jest w dawaniu aniżeli w braniu".

Empatii i altruizmowi zwykle towarzyszy **łagodność**. Czy wyobrażasz sobie człowieka rozumiejącego innych ludzi i pomagającego im, a pozbawionego tej cechy?... Niekiedy łagodność jest mylona lub łączona ze słabością, jednak nie ma z nią nic wspólnego. To nie tchórzliwa uprzejmość, sentymentalna czułostkowość czy bierny spokój. To bardzo szlachetny przymiot, który łączy się z pojęciem pokory wynikającej z wewnętrznej mocy. Łagodne usposobienie wypływa z siły moralnej.

Prawdziwie wielcy, szlachetni ludzie są zawsze łagodni. To słabość musi zasłaniać się surowością! W relacjach ludzkich łagodność oznacza opanowanie emocji oraz szacunek dla drugiego człowieka. Cecha ta pozwala uniknąć wielu kłopotów i umożliwia prowadzenie spokojnego i szczęśliwego życia. Jak ją w sobie wykształcić?... Zacznij od panowania nad gniewem i porywczością. Zdaj sobie sprawę, że to tylko sposób reakcji na sytuację niezgodną z Twoim oczekiwaniem. Stań się obserwatorem siebie. Spróbuj zauważyć, kiedy reagujesz zbyt gwałtownie. Potem poćwicz odsuwanie reakcji. Sprawdza się w takich przypadkach znane od dawna liczenie do dziesięciu lub oddalenie się na kilka minut z miejsca, gdzie zdarzyła się trudna emocjonalnie sytuacja.

W dziedzinie wyrabiania w sobie pozytywnych cech osobowości autorytetem dla każdego z nas może być Benjamin Franklin. Ten niezwykle utalentowany amerykański filozof, polityk i uczony opracował metodę, która okazała się niezwykle skuteczna. Na uruchomienie bądź wzmocnienie wybranej zalety poświęcał cztery tygodnie. Czytał i rozmyślał o niej codziennie. Szukał definicji, wzorców osobowych, zasięgał opinii ludzi mądrych i doświadczonych. Robił notatki, a potem przeglądał je i weryfikował. Nazywamy to kształceniem przez zanurzenie w wiedzy. Taki sposób uczenia się uruchamia podświadomość, która ułatwia wykonanie zadania.

Narrator
Świadomie rozwijajmy nasze pozytywne cechy, a zwłaszcza empatię, altruizm i łagodność. To one bowiem czynią nas „ludzkimi" w najlepszym tego słowa znaczeniu. Pozwalają utrzymywać życzliwe kontakty z otoczeniem i ułatwiają wzajemne zrozumienie. Kształtowanie w sobie tych cech w znacznym stopniu wpływa na jakość naszego życia oraz na jakość życia ludzi, którzy żyją w pobliżu nas.

Prelegent
Lista składników osobowości, którą przedstawiliśmy dotychczas, nie jest jeszcze zamknięta. Niestety, każdy z nas ma nie tylko zalety, lecz także wady. W zależności od sytuacji są one bardziej lub mniej widoczne, ale istnieją. To naturalne i nieuniknione. Czas przyjrzeć im się bliżej. Oczywiście, absolutnie nie będziemy robić nic, by je wzmocnić. Jednak… warto sobie uświadomić, jakie wady mamy, i które z nich najbardziej przeszkadzają nam w rozwoju osobistym.

Oto lista, z konieczności niepełna, cech niekorzystnych dla osobowości: egoizm, agresja, podejrzliwość, zawiść, zarozumialstwo, lekkomyślność, lenistwo, tchórzostwo, chęć dominacji utrudniająca współpracę, brak opanowania i chciwość.

Aby zmierzyć się z własnymi wadami, powinniśmy spróbować przypatrzeć się sobie z zewnątrz. Szczere przyznanie się do wad nie jest łatwe. Niekiedy niby to robimy, ale wybiórczo. Co to znaczy?... Przypisujemy sobie pewne wady, lecz tylko te, które w naszym mniemaniu nie są takie najgorsze. Łatwiej przyznać się do lekkomyślności, pesymizmu i porywczości niż do chciwości, nieuczciwości i żywienia nienawiści do innych. Skąd taki nieświadomy podział?... Gotowi jesteśmy zgodzić się na te wady, które nie naruszają powszechnych norm moralnych lub norm wynikających z przyjętego systemu wartości. Istnienie innych wypieramy.

Praca nad osłabianiem wad wygląda zupełnie inaczej niż praca nad wzmacnianiem cech pozytywnych. Przede wszystkim nie powinniśmy skupiać się na wadach. Nie powiodą się też próby zniszczenia negatywnych cech charakteru. Takie działania, wbrew pozorom, mogłyby je utrwalić. Co więc zrobić?... Należy je sobie uświadomić, ale nie na nich zogniskować swoją uwagę. Lepiej zająć się rozwijaniem zalet przeciwstawnych zauważonym wadom. Dopiero to może spowodować, że wady ulegną osłabieniu i nie będą wywierały znaczącego wpływu na nasze postępowanie.

Narrator
Mamy już świadomość własnych zalet i wad. Zajmijmy się więc teraz czymś, co towarzyszy nam od rana do wieczora. Co to takiego?... Nawyki!... Codzienne mycie zębów, przygotowywanie śniadania w określony sposób, układanie ubrań na te, a nie inne półki, picie kawy, zanim zabierzemy się do pracy, czytanie przed snem. Co to jest nawyk?... To jakaś czynność, która przez wielokrotne powtarzanie się zautomatyzowała, i teraz w ogóle nie myślimy o tym, że w danej chwili ją wykonujemy.

Czy nawyk zatem to samo dobro?... Z przykrością należy stwierdzić, że nie. Ilu z nas przyzwyczaiło się do spędzania wieczorów przed telewizorem?... Niestety, wielu. Trudno nam wyłączyć ten zwykły elektroniczny sprzęt, nawet wtedy gdy narzekamy: „Tyle kanałów, a nie ma nic do oglądania". Mimo to nie zajmiemy się czymś ciekawszym, lecz nadal wpatrujemy się w szklane okienko. A przecież twierdzimy, że na nic nie mamy czasu. Jeśli przeanalizujemy swój rozkład dnia, to okaże się, że różnorodne zbędne nawyki zabierają nam bardzo wiele minut, a nawet godzin. Co z nimi zrobić?… Zmienić!… To pozory, że są integralną częścią naszej osobowości. Tak nie jest! Nawyki kształtują się w nas podczas codziennych czynności. Możemy na nie wpływać. Psychologowie i eksperci w dziedzinie behawioryzmu twierdzą, że nabycie nowego nawyku trwa od 20 do 70 dni.

Prelegent

Istotna jest świadomość działania nawyków. Prześledźmy wspomniany już nawyk wieczornego oglądania telewizji. Cały dzień za czymś gonimy: praca w pracy, potem praca w domu, czyli różne czynności domowe, które po prostu trzeba wykonać, żeby normalnie żyć. Wreszcie wieczór. Już nic nie musimy. Kolacja zjedzona, mieszkanie jakoś wygląda, dzieci w łóżkach. Mamy czas. Siadamy w pokoju dziennym i…

włączamy telewizor. Stał się dla nas synonimem wypoczynku, czyli czegoś miłego. Co oglądamy, jest już mniej ważne dla naszego umysłu.

Aby zerwać z nawykiem, wyrób sobie inny, który go wymaże. Mark Twain

Jak przerwać tę sekwencję zdarzeń?… W tym pomóc nam może koncepcja 4D opracowana przez Briana Tracy'ego, autora wielu poradników rozwoju osobistego. Zamyka się ona w czterech następujących krokach:

Krok pierwszy to powód. Powinieneś wiedzieć, dlaczego chcesz pozbyć się starego nawyku i wykształcić nowy. Czy jest Ci to rzeczywiście potrzebne?… Najlepiej wypisz korzyści, jakie przyniesie Ci zmiana nawyku.

Krok drugi: decyzja. Masz przed oczami korzyści?… Jesteś przekonany, że chcesz zmiany?… Podejmij postanowienie! Nie od jutra! Nie od poniedziałku! Teraz!

Krok trzeci, czyli determinacja. Powieś kartkę z korzyściami w widocznym miejscu. Dąż do celu mimo trudności i chwilowych zwątpień. Nie daj się zmęczeniu! Nie ulegaj usprawiedliwieniom, które pojawią się w Twoich myślach.

Krok czwarty to dyscyplina. Sam ustal reguły, ale... przestrzegaj ich sztywno. Nie naginaj do sytuacji i nie łam!

Jak ta procedura będzie wyglądała w naszym przypadku?... Zastanówmy się! Dlaczego chcemy zrezygnować z rytuału oglądania telewizji?... Do głowy przyjdą nam pewnie różnorodne argumenty. Główny to: „Zyskam od dwóch do czterech godzin wolnego czasu!". Dodatkowymi argumentami mogą być uzasadnienia, na co ten wolny czas przeznaczymy, na przykład: „Przeczytam interesującą książkę", „Zajmę się ułożeniem fotografii w albumach rodzinnych", „Zaplanuję najbliższy urlop", „Odświeżę język francuski", „Zapiszę się do klubu sportowego".

Teraz podejmijmy decyzję. Najlepiej bardzo konkretną. Warto zacząć od całkowitej rezygnacji z telewizji przynajmniej na miesiąc. Potem można wrócić do oglądania programów, ale według nowych zasad. Zaznaczamy w programie telewizyjnym, co chcemy obejrzeć, i tylko wtedy włączamy telewizor.

Jeśli taki sposób wydaje nam się zbyt radykalny, możemy spróbować zrobić inaczej. Między kolacją a włączeniem telewizora wygospodarujmy trochę czasu na inne ciekawe czynności. Na początek na przykład odsuńmy o godzinę chwilę, w której zasiadamy przed telewizorem. Potem ten czas możemy wydłużać, aż dojdziemy do pory przygotowywania się do snu – wtedy włączenie telewizora stanie się bezsensowne. Co łączy te dwa sposoby?... W każdym z nich przerywamy proces nawyku, zanim go dopełnimy, czyli w tym przypadku – zanim wciśniemy włącznik odbiornika.

Podobny schemat postępowania możemy wypracować dla każdego innego nawyku, którego chcemy się pozbyć: zbyt częstego grania w gry komputerowe, czatowania, spędzania czasu na portalach społecznościowych, siedzenia w pubie, prowadzenia godzinnych rozmów telefonicznych.

Nad tworzeniem nowego nawyku lub zastępowaniem starego nowym powinno się pracować przynajmniej 20 dni. Żmudną pracę nad nawykami warto zacząć od pozbycia się nawyku ustawicznego narzekania (jeśli go mamy). Nie jest trudny do wyplenienia, a taka zmiana bardzo ułatwi nam życie Nawyk narzekania sprawia, że za każdym razem, gdy choćby najmniejsza rzecz nie idzie po naszej myśli, włączamy, niczym automat, płytę z niekontrolowanymi negatywnymi wypowiedziami bądź myślami. Zazwyczaj te powtarzane przekonania są mocno przesadzone. Jak sobie z nimi poradzić?... Najpierw, jak w każdym przypadku, spróbujmy uświadomić sobie, że właśnie rozpoczyna się procedura doprowadzająca do narzekania. Można to zrobić, mówiąc głośno lub w myślach: Stop narzekaniu! I przejść do etapu zastanawiania się nad wyjściem z sytuacji.

Dość często zdarza się, że narzekamy nie na sytuację, a na konkretnego człowieka. Czy ten rodzaj narzekania też możemy zablokować?... Tak, za pomocą empatii. Jeśli masz pretensje do kogokolwiek, spróbuj sobie wyobrazić motywy jego postępowania. Zastanów się, co czuł?... Co wtedy było dla niego ważne?... Postaraj się po prostu go zrozumieć. Łatwiej Ci będzie nie chować urazy, a jednocześnie zmniejszy się Twoja skłonność do narzekania.

Najpierw sami tworzymy własne nawyki, potem nawyki tworzą nas. John Dryden

Ograniczenie narzekania to najlepsza droga do optymizmu i pozytywnego patrzenia na świat. Przykładem urodzonego optymisty jest podróżnik Marek Kamiński, który pasję poznawania świata pielęgnuje w sobie od wczesnego dzieciństwa.

Kamiński stał się rozpoznawalny, gdy jako pierwszy człowiek na świecie w ciągu jednego roku zdobył samotnie oba bieguny. Sława pozwoliła mu zacząć udzielać się charytatywnie. Założył własną fundację, by wspierać osoby niepełnosprawne. W ten sposób poznał Jasia Melę, chłopca, który na skutek ciężkiego porażenia prądem utracił rękę i nogę. Kamiński postanowił zabrać go ze sobą na jedną z wypraw na biegun. Podróżnik pokazał, że swoimi zainteresowaniami można dzielić się z innymi, łączyć udane przedsięwzięcie biznesowe ze wspaniałą pasją i działalnością filantropijną. To skromny i pogodny człowiek, który ma bardzo jasno określone życiowe cele. Już jako dziecko zaczął odkrywanie samego siebie i przekonał się, że poprzez podróże, poznawanie nowych ludzi, miejsc i kultur będzie się rozwijał i nadawał swojemu życiu sens. Wszystko, co później robił, podporządkował tej wizji. Umiejętnie połączył różne życiowe role tak, by nie zaniedbywać żadnej z nich. Pogodzenie czasochłonnych zajęć nie byłoby możliwe, gdyby nie cechy osobowości, które Kamiński odkrył w sobie i rozwinął. Należą do nich: umiejętność doskonałego planowania i organizacji przedsięwzięcia, radzenie sobie z nieprzewidzianymi sytuacjami, tworzenie scenariuszy i optymistyczne patrzenie w przyszłość.

Z pewnością nie raz jego plany komplikowały się, a trudne warunki atmosferyczne podczas wypraw doprowadzały do zniechęcenia. Mimo to, zamiast tracić czas na narzekanie, podróżnik akcentował pozytywne aspekty każdej wędrówki, na przykład chęć przygody, pokonywanie nowych wyzwań czy pomoc innym.

Narrator
Oczywiście, przedstawione metody walki z nawykami nie zadziałają w przypadku tych dużo głębiej zakorzenionych, jakimi są nałogi. Oprócz zwykłego przyzwyczajenia wchodzi tu jeszcze

w grę uzależnienie fizjologiczne, najczęściej związane z używkami: alkoholem, papierosami, narkotykami; albo psychiczne, czyli zakupoholizm, hazard lub obsesyjne granie w gry komputerowe. Są osoby, które zerwały z nałogiem bez niczyjej pomocy i nie wróciły już do niego, jednak większości potrzebna jest grupa wsparcia, pomoc specjalisty, a niejednokrotnie kuracja farmakologiczna czy psychoterapia. Pamiętaj, że uzależnienia niszczą osobowość i życie człowieka, czyniąc go swoim niewolnikiem. Jeśli masz tego typu problem, zadzwoń do dowolnego ośrodka uzależnień lub skorzystaj z telefonu zaufania. Tam znajdziesz pomoc anonimową i rzetelną. Ze złymi nawykami i nałogami próbujmy sobie poradzić, gdy tylko zauważymy, że powstały i zaczynają nami rządzić. Im dłużej pozwolimy im działać, tym trudniej będzie się ich pozbyć.

Prelegent
Od problemów związanych z nawykami wróćmy do poznawania osobowości. Za pomocą nowoczesnych badań testowych można określić typ temperamentu i dominujące cechy charakteru, a także zdefiniować swoje mocne i słabe

strony. Jeśli chcesz to zrobić precyzyjnie, skorzystaj z internetowego profilu osobowości Clifton StrengthsFinder, opracowanego przez Centrum Badań Międzynarodowych i Szkolenia Gallup Institute. Dzięki użyciu tego narzędzia możesz poznać indywidualny zbiór pięciu dominujących talentów, nazywanych tam cechami, spośród 34 zdefiniowanych jako występujące najczęściej.

> Twój charakter jest Twoim najważniejszym atutem, dlatego powinieneś pracować nad sobą przez całe życie. BRIAN TRACY

Zanim opracowano Clifton StrenghtsFinder, badacze odkryli, że większość ludzi zaskakująco mało wie o sobie, a zwłaszcza o swoich zaletach i mocnych stronach. Czy też należysz do tej licznej grupy?... Zwykle człowiek zapytany o swoje zalety i mocne strony czuje się nieswojo. Ożywia się dopiero wtedy, gdy mowa o wadach i słabościach. O wadach mówiono mu w domu... żeby się poprawił. O wadach mówiono mu w szkole... żeby się poprawił. O wadach i niedoskonałościach mówi się mu w pracy... żeby się poprawił. To ma swoje skutki! Czujemy się przez cały czas niedoskonali. Mamy wrażenie, że ideał czeka tuż za progiem, tylko… musimy się poprawić. Poprawa jednak niewiele daje, bo zbyt często skupiamy się na tym, do czego zupełnie nie przejawiamy talentu. Jeśli nie mamy w sobie genu przywództwa, to ukończenie nawet kilkunastu kursów nie zrobi z nas genialnego kierownika, będziemy co najwyżej umiarkowanie dobrzy. Natomiast jeśli ktoś jest urodzonym przywódcą, to każde szkolenie w tym kierunku, każde doświadczenie i przemyślenie sprawi, że cecha ta będzie się wzmacniać w postępie geometrycznym.

Co więc powinno być dla nas istotne?… Poznanie indywidualnego zbioru dominujących talentów, bo to pozwoli na ich rozwinięcie w mocne strony. Talent bowiem, jak pisze jeden z twórców Clifton StrengthsFinder Marcus Buckingham, to jeszcze nie mocna strona, tylko cecha o największym potencjale rozwojowym. Czym jest w takim razie mocna strona?…
Mocna strona to połączenie talentu z wiedzą i umiejętnościami, które zapewnią nam niemal doskonałość w wykonywaniu jakiejś czynności czy zadania.

A jak, według badaczy, powinniśmy postępować ze słabościami?... Ignorować?... Nie... Nie należy też z nimi walczyć ani im nadmiernie ulegać. Skuteczną metodą jest rozwijanie w sobie mocnych stron, tak aby działanie tych słabych stało się nieistotne. Można postarać się zmienić obszar działalności. Jeśli na przykład nie jesteś zbyt dokładny, zdarza Ci się zapominać o czymś ważnym lub odkładać sprawy na później, masz niewielkie szanse na uczynienie ze skrupulatności swojej mocnej strony. W takiej sytuacji praca biurowa będzie Cię męczyć i bardzo wątpliwe, czy przyniesie Ci satysfakcję, nawet jeśli zrobisz wszystko, by wykonywać ją perfekcyjnie. Gdy Bill Gates dostrzegł, że zarządzanie firmą nie sprawia mu takiej satysfakcji jak praca programisty, znalazł do tych działań wspólnika. I to była mądra decyzja!

Jeśli skoncentrujesz się na swoich mocnych stronach, sowicie Ci się to opłaci. Zyskasz pewność, zdecydowanie i siłę, które ułatwiają poruszanie się w świecie i podejmowanie trafnych decyzji. Nie licz jednak na to, że wyniki testów dadzą Ci jednoznaczną odpowiedź, w jakiej dziedzinie będziesz miał osiągnięcia. Osoby z takimi samymi cechami mogą z powodzeniem spełniać się w różnych branżach. Wybór dziedziny działalności należy do Ciebie. Twoje miejsce jest tam, gdzie się dobrze czujesz, gdzie robisz to, co lubisz i do czego masz predyspozycje.

Zrozumienie sięga często dalej niż rozum.
MARIE VON EBNER-ESCHENBACH

To stwierdzenie świetnie obrazują spostrzeżenia pewnego człowieka, który odbył swoją pierwszą podróż do Chin. Odwiedził wówczas dynamicznie rozwijające się miasta Shenzhen i Kanton. Odkrył tam mnóstwo fascynujących rzeczy. Jedną z nich były bambusowe rusztowania, których używano nawet przy budowie kilkudziesięciopiętrowych budynków. Wydawało mu się nierealne, że tak niepozornie wyglądający materiał jest na tyle wytrzymały, żeby nawet 100 czy 200 metrów nad ziemią utrzymać na kolejnym poziomie ciężar własny i pracujących robotników. Objaśniono mu, że ten gatunek bambusa jest wyjątkowy. Ścina się go, kiedy ma 4 do 5 lat i osiągnie wysokość 6 metrów. Rośnie dużo wolniej od innych odmian, ale jest niezwykle wytrzymały i z powodzeniem zastępuje stal, od której jest znacznie lżejszy i tańszy. Gatunki tej rośliny używane w przemyśle meblowym czy budowlanym ścina się już po 3 latach, ale nikt nie odważyłby się budować z nich podniebnych rusztowań. Ten najwytrzymalszy, najbardziej ceniony typ bambusa potrzebuje więcej czasu.

Nasuwa się tutaj refleksja: czy z ludźmi nie jest podobnie?... Czasem z zewnątrz może się zdawać, że się nie rozwijamy, nie wzmacniamy, bo nie ma widocznych efektów. Kiedy inni chcą już zbierać owoce, „ścinać swoje bambusy", my wciąż czekamy, żeby te nasze stały się jeszcze twardsze i bardziej odporne. Mamy dobrą okazję, żeby się uczyć i poznawać siebie. Dzięki temu nasze rusztowanie nie runie pod naporem przeciwności. Dajmy sobie tyle czasu, ile potrzebujemy, aby nasza osobowość w pełni się rozwinęła. To pozwoli nam później czerpać z jej zasobów pełnymi garściami.

Narrator
Łatwo wypowiadać przeróżne sądy o innych, ale odpowiedź na pytania: „Kim jestem?",

„Z jakim darem się urodziłem?", „Co muszę zaakceptować, a co mogę zmienić w swojej osobowości?" to wyzwanie. Człowiek ma ogromny potencjał rozwojowy. Może sięgać po to, co zdaje się nierealne, jeśli wiarę, że jest w stanie to zrobić, podeprze dogłębną wiedzą o sobie. Nie tylko o swoich możliwościach i mocnych stronach, lecz także o wadach i słabościach. Dlatego tak ważne jest poznawanie własnego „ja". Nie zaniedbujmy tego, chociaż zadanie to nie należy do prostych, gdyż osobowość jest czymś, co możemy poznać jedynie pośrednio. Manifestuje się wyłącznie poprzez zachowania, a jej obraz może zmienić stres, nowe doświadczenia czy złe samopoczucie.

Jeśli chcemy znaleźć charakterystyczne cechy swojego temperamentu, określić typ inteligencji lub poznać naturalne predyspozycje, powinniśmy nie tylko przeprowadzać testy, lecz także stale się obserwować. Zastanawiajmy się nad własnymi reakcjami i szukajmy odpowiedzi na pytanie: „Zachowuję się tak zawsze, czy też sytuacja, w której się obecnie znajduję, jest na tyle wyjątkowa, że przekraczam zwykłe ramy swoich reakcji?". Dopiero takie przyjrzenie się sobie umożliwi nam właściwą ocenę swojej osobowości.

Nie bójmy się też zmierzyć z wadami. Uświadomienie sobie cech, które nam przeszkadzają i są dla nas niekorzystne, ułatwi pracę nad nimi, a w konsekwencji spowoduje ich znaczne osłabienie. Do walki ze złymi nawykami możemy użyć wypróbowanej metody Briana Tracy'ego, nazwanej przez niego 4D.

Dlaczego warto podjąć ten trud?... Znajomość siebie pozwala świadomie kształtować życie. Gdy zaprzyjaźnisz się z własną osobowością, będziesz mógł wskazać swoje mocne i słabe strony, talenty i predyspozycje. To będzie baza. Spróbuj zbudować na niej przyszły obraz własnej osoby. Wyobraź sobie, jaki chcesz się stać w każdej sferze życia: zawodowej, rodzinnej, osobistej, w tym duchowej. Później szukaj sposobów, jak tego dokonać. Ucz się i poszukuj, ale nie traktuj umysłu jak śmietnika. Nie wrzucaj tam byle czego. Wkładaj tylko perły i brylanty, bo to, co do niego przeniknie, stanie się częścią Ciebie i objawi się poprzez myśli, słowa, decyzje i zachowania.

W chwilach, kiedy zwątpisz w skuteczność swoich poczynań lub usłyszysz podszept Twoich myśli, że już za późno – powtarzaj sobie: „Zawsze jest dobra pora na zmiany. Najlepsza, jaka mogła mi się zdarzyć!".

Część utrwalająca

Porady
1. Poznawaj swoją osobowość różnymi metodami.
2. Nie oczekuj, że swój typ temperamentu określisz jednoznacznie. Znajdź typ najbliższy Twojemu usposobieniu.
3. Pamiętaj, że momenty przełomowe mają często charakter kryzysów.
4. Poszukaj uzdolnień. Zacznij od odkrycia rodzajów inteligencji przeważających w Twojej osobowości.
5. Naucz się opanowywać swoje emocje i uczucia oraz rozumieć emocje i uczucia innych.
6. Wzmacniaj zalety, osłabiaj wady.
7. Rozwijaj w sobie empatię i działaj altruistycznie.
8. Pracuj nad nawykami: twórz pozytywne i zastępuj nimi nawyki negatywne.
9. Jeśli masz problem z nałogiem, szukaj pomocy specjalistów.
10. Zdefiniuj swoje mocne strony i wzmacniaj je.

Quiz

Znalezienie odpowiedzi na pytania dotyczące wykładu pomoże Ci zapamiętać i utrwalić zawarte w nim treści. Postaraj się odpowiadać samodzielnie, jeśli jednak okaże się, że na któreś z pytań nie znasz odpowiedzi, zajrzyj do tekstu wykładu lub przesłuchaj go jeszcze raz. Odszukasz tam potrzebne informacje. W pytaniach otwartych posłuż się swoją wiedzą i doświadczeniem. Klucz z odpowiedziami znajdziesz na s. 116.

1. **Kto opracował pierwszą koncepcję temperamentu?**
   a) Hipokrates
   b) Arystoteles
   c) Platon
   d) Epikur

2. **Połącz linią typ temperamentu z kolumny I z odpowiednimi cechami z kolumny II.**

A) sangwinik	a) pełen energii optymista, dobry organizator, gwałtowny i drażliwy
B) choleryk	b) zrównoważony, wytrwały, opanowany, cierpliwy i pojednawczy
C) flegmatyk	c) pesymista, powściągliwy, nietowarzyski, pełen lęków i apatyczny
D) melancholik	d) przyjazny optymista, beztroski, energiczny, z poczuciem humoru, bywa zarozumiały

3. Marlane Miller w książce *Style myślenia* przedstawiła własną typologię temperamentu. Połącz linią typ temperamentu z kolumny I z odpowiednimi cechami z kolumny II.

A) myśliciel	a) ma skłonność do ryzyka, samotnik, lubi szukać nowych dróg, materiał na wizjonera i wynalazcę
B) znawca	b) przyjacielski i rozmowny, ma intuicję, emocjonalny, skupia się na relacjach międzyludzkich
C) konceptualista	c) nie lubi kompromisów, dąży do konfrontacji, szybki w decyzjach, ma kłopoty z pracą w grupie
D) rozjemca	d) analityk, ostrożny w decyzjach, trzyma się swojego zdania i nie kieruje emocjami, dąży do ugody

4. Ułóż potrzeby według hierarchii Abrahama Maslowa. Zacznij od najbardziej podstawowych.

a) potrzeby samorozwoju
b) potrzeby przynależności
c) potrzeby fizjologiczne
d) potrzeby szacunku i uznania społecznego
e) potrzeby bezpieczeństwa

1..... 2..... 3..... 4..... 5.....

5. IQ nie jest miarodajnym pomiarem inteligencji człowieka, bo mierzy tylko jeden z jej typów. Wymień typy inteligencji według teorii Howarda Gardnera.

a) ....

b) ....

c) ....

d) ....

e) ....

f) ....

g) ....

h) ....

6. Daniel Goleman zauważył, że ludzie zbyt dużą wagę przywiązują do intelektu, niemal całkowicie pomijając emocje. To on jest twórcą terminu „inteligencja emocjonalna". Co oznacza ten termin?
a) emocjonalną reakcję na każde zdarzenie
b) intuicyjną umiejętność rozwiązywania problemów
c) umiejętność znalezienia właściwego miejsca w społeczeństwie
d) zdolność do rozpoznawania stanów emocjonalnych oraz umiejętność radzenia sobie z emocjami własnymi i innych ludzi

7. **Co łączy ze sobą empatię, altruizm i łagodność?**
   a) nakierowanie na innych ludzi
   b) naiwne widzenie świata
   c) kierowanie się własnym dobrem
   d) chęć do kierowania postępowaniem innych

8. **Nabywanie nawyku to proces, który wymaga systematycznych ćwiczeń prowadzonych przez określony czas. Ile trwa nabycie nowego nawyku?**
   a) 1–10 dni
   b) 10–30 dni
   c) 15–50 dni
   d) 20–70 dni

9. Ułóż w odpowiedniej kolejności cztery etapy, wskazane przez Briana Tracy'ego, prowadzące do zmiany nawyku.

a) determinacja
b) decyzja
c) powód
d) dyscyplina

1..... 2..... 3..... 4.....

10. Do czego służy Clifton StrengthsFinder?

a) do definiowania indywidualnego zbioru dominujących talentów
b) do precyzyjnego określania temperamentu
c) do znajdowania słabości charakteru w celu ich wyeliminowania
d) do wskazywania najlepszej drogi kariery

Ćwiczenie 1

Cztery typy temperamentu, wg typologii Hipokratesa i Galena, to: sangwinik, choleryk, flegmatyk i melancholik. Niemal nikt z nas nie reprezentuje typu „czystego". Kim Ty jesteś? Do którego typu jest Ci najbliżej? Przy każdej cesze, którą w sobie zauważasz, wpisz +. Poniżej tabeli wypisz typy temperamentu od najbardziej do najmniej zauważalnego w Twojej osobowości.

Sangwinik		Choleryk	
optymista		optymista	
otwarty i przyjacielski		energiczny	
beztroski		nastawiony na działanie	
chce być lubiany		zdolności kierownicze	
spontaniczny		wzbudza respekt	
kreatywny		niecierpliwy	
energiczny		bardzo emocjonalny	
ma poczucie humoru		nie znosi sprzeciwu	
władczy i dominujący		gwałtowny i wybuchowy	
zarozumiały		drażliwy	
Liczba plusów		**Liczba plusów**	

1. ....

2. ....

3. ....

4. ....

Flegmatyk	Melancholik	
zrównoważony	pesymista	
powolny	nie wierzy w siebie ani w innych	
nie lubi zmian	marzyciel	
cierpliwy	samotnik	
solidny	perfekcjonista	
wytrwały	działa z namysłem	
nieufny i zdystansowany	pełen lęków	
ostrożny	bierny i apatyczny	
wnikliwy	ma trudności z podejmowaniem decyzji	
pogodny	działa planowo	
Liczba plusów	**Liczba plusów**	

Ćwiczenie 2

Spróbuj określić swoją osobowość według typologii zaproponowanej przez Marlane Miller. Postępuj podobnie jak w poprzednim ćwiczeniu. Przy każdej cesze, jaką w sobie odnajdujesz, wpisz plus. Następnie policz plusy i wypisz typy osobowości, zaczynając od występującego w Twojej osobowości w największym nasileniu.

Myśliciel		Znawca	
decyzje podejmuje po głębokim namyśle		decyzje podejmuje bez głębszego namysłu	
szuka kompromisu		skłonności do analizy	
nie kieruje się emocjami		ma łatwość w budowaniu ocen	
zwraca uwagę na szczegóły		bezkompromisowy	
trzyma się swego zdania		dąży do konfrontacji	
ma umysł analityczny		formułuje logiczne wnioski	
ma trudności w kontaktowaniu się z innymi		praktyczny	
nie lubi konfliktów		ma kłopoty ze współpracą w grupie	
Liczba plusów		**Liczba plusów**	

1. ....

2. ....

3. ....

4. ....

Konceptualista		Rozjemca	
ma trudności w podejmowaniu decyzji		decyzje opiera na emocjach	
nie zwraca uwagi na detale		bezkonfliktowy	
postępuje intuicyjnie		nie lubi konfrontacji	
nietowarzyski		rozmowny	
skłonny do ryzyka		empatyczny	
lubi szukać nowych ścieżek		wizjoner	
wizjoner		często zmienia decyzje i opinie	
ma trudności w precyzyjnym wyrażaniu własnych myśli		brakuje mu neutralności	
Liczba plusów		**Liczba plusów**	

Ćwiczenie 3

Bez względu na to, ile masz lat, spróbuj wyobrazić sobie swoją emeryturę. Już od dawna nie chodzisz do żadnej szkoły, nie wykonujesz żadnej pracy zawodowej. Większość czasu możesz poświęcić wyłącznie sobie. Wypisz trzy do pięciu różnorodnych obszarów aktywności (typów zajęć), które mogłyby sprawić Ci przyjemność. Wpisz je nawet wtedy, jeśli już teraz poświęcasz im wolny czas. Staraj się, by były to zajęcia aktywne, a nie np. bierne oglądanie telewizji. W uwagach zapisz, kto (osoba lub instytucja) mógłby Ci pomóc w rozpoczęciu wybranej (wybranych) aktywności.

Obszary aktywności

1. ....

2. ....

3. ....

4. ....

Uwagi

Ćwiczenie 4

Ludzie bardzo często nie znają swoich talentów, ponieważ boją się spróbować sił w nowych rodzajach aktywności. Póki nie zaczniesz malować, śpiewać, majsterkować, dbać o ogród, to nie będziesz wiedzieć, czy takie zajęcie mogłoby się stać Twoim hobby. Na poniższej liście zaznacz te rodzaje aktywności, którymi nigdy się nie zajmowałeś. Jeśli przyjdzie Ci do głowy inna, dopisz ją na końcu listy. Spośród wszystkich zajęć, których chciałbyś spróbować, wybierz jedno, według Ciebie najciekawsze.

☐ Komponowanie muzyki
☐ Granie na instrumencie (dopisz jakim)

. . . .

☐ Śpiewanie
☐ Rękodzieło (dopisz dziedzinę)

. . . .

☐ Rzeźbienie, malowanie lub rysowanie
☐ Uprawianie sportu (wpisz dziedzinę)

. . . .

☐ Majsterkowanie
☐ Pisanie książek (dopisz tematykę)

. . . .

- [ ] Oprowadzenie wycieczek po ścieżkach przyrodniczych
- [ ] Prowadzenie bloga (dopisz tematykę)

....

- [ ] Aktorstwo
- [ ] Projektowanie (dopisz, czego – np wnętrz, ubrań)

....

- [ ] Hodowla kwiatów lub warzyw
- [ ] Podróżowanie (określ – dokąd)

....

- [ ] Zdobywanie jaskiń
- [ ] Wolontariat (określ grupę, której chciałbyś pomóc)

....

....

....

Ćwiczenie 5

W wykładzie znajdziesz fragmenty, w których wymienionych jest wiele pozytywnych i negatywnych cech charakteru. Przeczytaj je uważnie, a potem wypisz pięć zalet i pięć wad, które uważasz za dominujące w swoim charakterze. Zwróć uwagę na kolejność. Zacznij od cechy, którą uważasz za najbardziej widoczną. Jeśli jesteś na to gotowy, zwróć się do najbardziej zaufanych osób z prośbą, by także spróbowały podać Twoje najważniejsze cechy. Może okaże się, że widzisz siebie inaczej, niż widzą Cię inni. Przemyśl, dlaczego tak się dzieje.

Zalety

1. . . . .

2. . . . .

3. . . . .

4. . . . .

5. . . . .

Wady

1. ....

2. ....

3. ....

4. ....

5. ....

Ćwiczenie 6

Czy masz w sobie wystarczająco dużo empatii, by rozumieć ludzi, którzy znajdują się w Twoim otoczeniu? Wybierz osobę z kręgu najbliższej rodziny lub przyjaciół. Wpisz jej imię i spróbuj dokończyć poniższe zdania. Podobne ćwiczenie zrób, myśląc o kilku innych osobach (wykorzystaj miejsce na notatki). Jeśli nie będziesz miał problemu z wykonaniem zadania, to znaczy, że potrafisz obserwować, słuchać i okazywać empatię. W innym przypadku postaraj się bardziej poznać ludzi w Twoim otoczeniu. Każdy z nich podobnie jak Ty jest ciekawy i niepowtarzalny, a niektórzy mogą potrzebować Twojej pomocy.

Imię . . . .

Marzy o . . . .

. . . .

. . . .

. . . .

Pragnie spędzić wakacje/urlop (gdzie? lub jak?)

....

....

Martwi się (czym?) ....

Boi się (czego) ....

Nie lubi (kogo lub czego) ....

Podziwia (kogo?) ....

W czasie wolnym zajmuje się ....

....

....

Przemyślenia

Poniżej są zamieszczone fragmenty wykładu, które mogą stanowić materiał do osobistych przemyśleń. Pod każdym znajdziesz krótkie zaproszenie do dyskusji i miejsce na komentarz. Unikaj ogólników. Staraj się, by Twoja wypowiedź była jak najbardziej konkretna i konstruktywna.

Inspiracja 1

Poznanie siebie to pasjonująca podróż w głąb umysłu. Co będzie odgrywało rolę przystanków w tej podróży?... Cechy osobowości! Im dokładniej je poznamy, tym bardziej się ze sobą zaprzyjaźnimy. Łatwiej nam przyjdzie zwalczanie słabości oraz wzmacnianie mocnych stron. Zaczniemy mieć świadomość, kim i jacy jesteśmy...

Przyjaźnienie się z samym sobą... Czy to w ogóle możliwe? Przyjacielem zazwyczaj zostaje ktoś, kogo dobrze poznamy. Nie musi być idealny, ale powinniśmy wiedzieć, jak zachowuje się w różnych sytuacjach. Jak reaguje na sukcesy, jak przeżywa porażki... Czy potrafisz przewidywać swoje zachowanie? Czy znasz na tyle własne zalety, by móc oprzeć na nich swój rozwój?

Czy rozpoznałeś swoje wady i wiesz, w czym mogą Ci przeszkodzić? Czy w ogóle warto się sobie przyglądać?

Inspiracja 2

Osobowość to nie tylko nasze cechy, ale także zdolności, uzdolnienia i talenty. W kilku procentach to one decydują o powodzeniu podejmowanych działań. Reszta, czyli ponad 90 procent!, to kwestia cech, które możemy w sobie rozwinąć. Przykładem jest wytrwałość w dążeniu do celu, wnikliwość pozwalająca znaleźć nowe rozwiązania i odwaga, dzięki której mamy siłę pokonać lęk i podążać nową drogą.

Czy wierzysz w to, że osiąganie postawionych sobie celów tylko w jednej dziesiątej zależy od talentu? Sądzisz, że to nieprawda? Czyżby nie zdarzało Ci się odkładać niczego „na potem"? Czy nie podjąłeś nigdy złej decyzji, dlatego że nie byłeś wystarczająco wnikliwy, by dobrze ocenić sytuację? Czy nigdy nie odstąpiłeś od realizacji jakiegoś zamierzenia, bo zabrakło Ci odwagi? Może warto zacząć zauważać takie momenty we własnym życiu i zamiast skupiać się na rozważaniach, czy mam wystarczająco dużo talentu, zwyczajnie przystąpić do działania?

. . . .

Inspiracja 3

Prawie nigdy nie możesz być pewny, że masz wszystkie informacje, żeby rzetelnie ocenić to, co odbierasz zmysłami. Zapach spalenizny może świadczyć o ogromnym pożarze albo... o przypalonym obiedzie. Gorzki smak – to może być trucizna albo... lekarstwo. Odpychający wygląd wskaże na zaniedbanie albo... chorobę. Nie będziesz wiedzieć, póki nie zdobędziesz wystarczająco dużo danych na temat bodźca, który dotarł do Twojego umysłu.

Przytoczone wyżej przykłady pokazują, jak bardzo nasze oceny mogą być mylne. Oceniając cokolwiek, warto brać pod uwagę, że może widzimy daną rzecz jednostronnie. Może to, co bierzemy za całą prawdę, jest tylko skromnym wycinkiem rzeczywistości? Może, jeśli zmienimy punkt widzenia, nasza ocena zmieni się diametralnie? Czy nie warto wyćwiczyć w sobie powstrzymywania się od osądu, zanim nie przyjrzymy się osobie lub sytuacji z różnych stron? Jak sądzisz?

. . . .

Inspiracja 4

Powodzenie poczynań człowieka zależy nie tylko od rozpoznania typu inteligencji, którym cechuje się jego umysłowość, lecz także od poziomu inteligencji emocjonalnej. Jest ona niezależna od tego, do czego akurat mamy predyspozycje. Daniel Goleman, twórca terminu, nazywa inteligencją emocjonalną zdolność do rozpoznawania stanów emocjonalnych oraz umiejętność kontrolowania własnych emocji i radzenia sobie ze stanami emocjonalnymi innych.

Radzenie sobie z emocjami dotyczy nie tylko emocji, które sami odczuwamy, lecz także tych, które obserwujemy u innych. Gniew, żal, smutek, rozpacz, rozczarowanie itp. mają w części podłoże fizjologiczne, dlatego trudno je powstrzymać. Nie zawsze można przewidzieć, że nadchodzą. Jednak kontrolowanie własnych emocji jest ważne, bo wpływa na relacje międzyludzkie, umiejętność skupienia się nad zadaniem, reakcje na porażkę. Czy przypominasz sobie sytuacje, w których to nie Ty panowałeś nad emocjami, a one nad Tobą? Czy próbowałeś je powstrzymać? Jak reagujesz na negatywne emocje innych ludzi? Potrafisz je ostudzić? Załagodzić konflikt? Znaleźć wyjście?

Inspiracja 5

Empatia oznacza wrażliwość na potrzeby drugiego człowieka i pozwala nieść pomoc w celowy i sensowny sposób, choć nie zawsze jest to tak łatwe, jak przekazanie datku pieniężnego czy rzeczowego. Empatia niweluje lub osłabia gniew i agresję, a wzmacnia zdolność do kompromisów. Dzięki niej potrafimy sobie na przykład wyobrazić, dlaczego nasz oponent zajmuje przeciwne stanowisko. Jesteśmy w stanie rozumieć, a jeśli trzeba... wybaczać.

Takie słowa o empatii świadczą, że jest ona korzystna zarówno dla tego, kto ją odczuwa, jak i dla tych, do których jest skierowana. Dlaczego więc spotykamy się z nią tak rzadko? Dlaczego zwykle jest traktowana jak oznaka słabości, a nie siły? Czyżbyśmy tak bardzo bali się, że zostaniemy wykorzystani? Że ktoś wyśmieje nasze starania? A może uważamy, że każdy powinien dbać o siebie?

. . . .

. . . .

Inspiracja 6

Co badacze radzą zrobić ze słabościami?... Ignorować?... Nie... Nie należy też z nimi walczyć. Nie powinniśmy jednak im nadmiernie ulegać. Skuteczną metodą jest rozwijanie w sobie mocnych stron, tak aby działanie tych słabych stało się nieistotne. Można postarać się zmienić obszar działalności. Jeśli na przykład nie jesteś zbyt dokładny, zdarza Ci się zapominać o czymś ważnym lub odkładać sprawy na później, masz niewielkie szanse na uczynienie ze skrupulatności swojej mocnej strony.

Z powyższego fragmentu wynika, że nie należy się skupiać na słabych stronach. Lepiej rozwijać to, co i tak jest w nas silne. Czy widzisz w tym sprzeczność? Czy rzeczywiście może przynieść pożytek ćwiczenie na przykład kreatywności, jeśli jest to nasza mocna strona? Może lepiej zająć się ćwiczeniem dokładnego wykonywania zadań, jeśli mamy z tym kłopoty? Jak sądzisz?

. . . .

. . . .

Rozwiązanie quizu ze s. 85
1. a – Hipokrates
2. A – d, B – a, C – b, D – c
3. A – d, B – c, C – a, D – b
4. c, e, b, d, a
5. inteligencja: lingwistyczna, logiczno-matematyczna, muzyczna, wizualno-przestrzenna, kinestetyczna, interpersonalna, intrapersonalna, przyrodnicza
6. d – zdolność do rozpoznawania stanów emocjonalnych oraz umiejętność radzenia sobie z emocjami własnymi i innych ludzi
7. a – nakierowanie na innych ludzi
8. d – 20–70 dni
9. c, b, a, d
10. a – do definiowania indywidualnego zbioru dominujących talentów

Notatki

Notatki

Notatki

Słowniczek

altruizm
Nastawienie nie tylko na siebie, lecz także na innych. Jest konieczny do osiągnięcia prawdziwego szczęścia.

autorytet
Wzór osobowy. Człowiek o dużej wiedzy i przestrzegający norm moralnych.

Biblia
Należy słuchać rad jedynie uznanych autorytetów. Natchnione Słowo Boże. Zbiór ponadczasowych informacji na temat źródeł szczęścia i spełnienia oraz wskazówek istotnych dla określenia systemu wartości człowieka. Abraham Lincoln powiedział kiedyś, że prawdziwie wykształcony człowiek to ten, kto choć raz przeczytał Biblię. On sam wprowadzał w czyn wartości biblijne, które zainspirowały go między innymi do zniesienia niewolnictwa.

emocja
Krótkotrwały stan psychiczny powstający gwałtownie pod wpływem silnego bodźca, np. gniew, strach, radość, wzruszenie, trema, smutek, panika, obawa. Trudny do opanowania.

empatia
Umiejętność odczuwania cudzego bólu we własnym sercu; współodczuwanie, zdolność rozumienia drugiego człowieka, jego stanu emocjonalnego. Łączy się z chęcią niesienia pomocy i pozwala na nadanie jej odpowiedniej formy.

hobby
Zajęcie wykonywane z przyjemnością, nawet jeśli nie przynosi wymiernego zysku.

inteligencja
Według Howarda Gardnera, unikatowa kombinacja ośmiu zdolności, które określają indywidualny profil każdego człowieka. W jej skład wchodzi inteligencja: lingwistyczna, logiczno-matematyczna, muzyczna, wizualno-przestrzenna, kinestetyczna, interpersonalna, intrapersonalna oraz przyrodnicza.

inteligencja emocjonalna
Umiejętność odpowiedniego reagowania na emocje innych oraz zarządzania swoimi emocjami.

IQ
Iloraz inteligencji, wynik testu psychologicznego mierzącego inteligencję. Przez wielu badaczy uważany za mało miarodajny i mylący w ocenie możliwości człowieka.

motywacja
Impuls do podjęcia działania nakierowanego na osiągnięcie celu. Niewzmacniana wygasa.

nałóg
Głęboko zakorzeniony nawyk, który ma podłoże fizjologiczne. Polega na powtarzaniu zachowań szkodzących człowiekowi mimo świadomości ich negatywnych skutków.

nawyk
Zautomatyzowana czynność, wyuczona przez powtarzanie. Nabywanie nawyku trwa od 20 do 70 dni.

osobowość
Zbiór cech, które decydują o tym, jak myślimy, jak odczuwamy, jak traktujemy siebie i innych, jak oceniamy wszystko, z czym zetkniemy się w ciągu naszego życia.

poczucie własnej wartości
Stan psychiczny i postawa wobec siebie wpływające na nastrój oraz zachowania. Wynika z ogólnej oceny siebie, czyli samooceny.

popęd
Biologiczna (fizjologiczna) potrzeba człowieka, domagająca się zaspokojenia, trudna do opanowania.

postawa
Stosunek człowieka do życia oraz sposób zachowania się wobec różnych zjawisk i obiektów.

potencjał
Tu: znajdujący się w każdym człowieku i możliwy do wykorzystania ładunek mocy i możliwości twórczych.

potrzeba
Stan braku czegoś charakteryzujący się odczuwanym napięciem wymagającym redukcji.

poznanie siebie
Przyjrzenie się własnym myślom, odczuciom i pragnieniom bez cenzorowania ich oraz uświadomienie sobie, co tak naprawdę myślimy, jak przeżywamy kolejne doświadczenia, o czym marzymy.

pozytywne myślenie
Świadome zauważanie pozytywnych aspektów każdej sytuacji, dostrzeganie w ludziach i zdarzeniach ich dobrych stron.

samoocena
Ocena samego siebie, na podstawie której powstaje w umyśle obraz własnej osoby. Może być zawyżona, zaniżona bądź optymalna (zrównoważona).

samoświadomość
Wynikająca z poznania siebie świadomość swoich mocnych i słabych stron, zalet i wad oraz możliwości.

stres
Reakcja organizmu na bodźce. W niewielkiej dawce mobilizuje do działania, w dużej – paraliżuje. Może doprowadzić do chorób psychicznych i fizycznych, a nawet do śmierci.

świadomość
Stan psychiczny, w którym człowiek zdaje sobie sprawę z procesów wewnętrznych oraz zjawisk zachodzących w środowisku zewnętrznym.

talent
Wrodzona predyspozycja intelektualna, ruchowa lub artystyczna. Zdolność wykonywania czegoś w stopniu doskonałym.

temperament
Cechy uwarunkowane fizjologicznie i decydujące o tym, jak reagujemy na otoczenie.

uczucie
Trwały stan psychiczny, niezależny od chwilowego impulsu, choć obiekt uczucia może się zmienić pod wpływem powtarzalnego bodźca. Przykłady: miłość, sympatia, niechęć.

zainteresowanie
Ukierunkowane działanie przynoszące satysfakcję i zadowolenie, wykonywane w czasie wolnym od obowiązków.

Źródła i inspiracje

Albright M., Carr C., *Największe błędy menedżerów*, Warszawa 1997.

Allen B.D., Allen W.D., *Formuła 2+2. Skuteczny coaching*, Warszawa 2006.

Anderson Ch., *Za darmo: przyszłość najbardziej radykalnej z cen*, Kraków 2011.

Anthony R., *Pełna wiara w siebie*, Warszawa 2005.

Ariely D., *Zalety irracjonalności. Korzyści z postępowania wbrew logice w domu i pracy*, Wrocław 2010.

Bates W.H., *Naturalne leczenie wzroku bez okularów*, Katowice 2011.

Bettger F., *Jak umiejętnie sprzedawać i zwielokrotnić dochody*, Warszawa 1995.

Blanchard K., Johnson S., *Jednominutowy menedżer*, Konstancin-Jeziorna 1995.

Blanchard K., O'Connor M., *Zarządzanie poprzez wartości*, Warszawa 1998.

Bogacka A.W., *Zdrowie na talerzu*, Białystok 2008.

Bollier D., *Mierzyć wyżej. Historie 25 firm, które osiągnęły sukces, łącząc skuteczne zarządzanie z realizacją misji społecznych*, Warszawa 1999.

Bond W.J., *199 sytuacji, w których tracimy czas, i jak ich uniknąć*, Gdańsk 1995.

Bono E. de, *Dziecko w szkole kreatywnego myślenia*, Gliwice 2010.

Bono E. de, *Sześć kapeluszy myślowych*, Gliwice 2007.

Bono E. de, *Sześć ram myślowych*, Gliwice 2009.

Bono E. de, *Wodna logika. Wypłyń na szerokie wody kreatywności*, Gliwice 2011.

Bossidy L., Charan R., *Realizacja. Zasady wprowadzania planów w życie*, Warszawa 2003.

Branden N., *Sześć filarów poczucia własnej wartości*, Łódź 2010.

Branson R., *Zaryzykuj – zrób to! Lekcje życia*, Warszawa-Wesoła 2012.

Brothers J., Eagan E, *Pamięć doskonała w 10 dni*, Warszawa 2000.

Buckingham M., *To jedno, co powinieneś wiedzieć... o świetnym zarządzaniu, wybitnym przywództwie i trwałym sukcesie osobistym*, Warszawa 2006.

Buckingham M., *Wykorzystaj swoje silne strony. Użyj dźwigni swojego talentu*, Warszawa 2010.

Buckingham M., Clifton D.O., *Teraz odkryj swoje silne strony*, Warszawa 2003.

Butler E., Pirie M., *Jak podwyższyć swój iloraz inteligencji?*, Gdańsk 1995.

Buzan T., *Mapy myśli*, Łódź 2008.

Buzan T., *Pamięć na zawołanie*, Łódź 1999.

Buzan T., *Podręcznik szybkiego czytania*, Łódź 2003.

Buzan T., *Potęga umysłu. Jak zyskać sprawność fizyczną i umysłową: związek umysłu i ciała*, Warszawa 2003.

Buzan T., Dottino T., Israel R., *Zwykli ludzie – liderzy. Jak maksymalnie wykorzystać kreatywność pracowników*, Warszawa 2008.

Carnegie D., *I ty możesz być liderem*, Warszawa 1995.

Carnegie D., *Jak przestać się martwić i zacząć żyć*, Warszawa 2011.

Carnegie D., *Jak zdobyć przyjaciół i zjednać sobie ludzi*, Warszawa 2011.

Carnegie D., *Po szczeblach słowa. Jak stać się doskonałym mówcą i rozmówcą*, Warszawa 2009.

Carnegie D., Crom M., Crom J.O., *Szkoła biznesu. O pozyskiwaniu klientów na zawsze*, Warszawa 2003.

Cialdini R., *Wywieranie wpływu na ludzi*, Gdańsk 1998.

Clegg B., *Przyspieszony kurs rozwoju osobistego*, Warszawa 2002.

Cofer C.N., Appley M.H., *Motywacja: teoria i badania*, Warszawa 1972.

Cohen H., *Wszystko możesz wynegocjować. Jak osiągnąć to, co chcesz*, Warszawa 1997.

Covey S.R., *3. rozwiązanie*, Poznań 2012.

Covey S.R., *7 nawyków skutecznego działania*, Poznań 2007.

Covey S.R., *8. nawyk*, Poznań 2006.

Covey S.R., Merrill A.R., Merrill R.R., *Najpierw rzeczy najważniejsze*, Warszawa 2007.

Craig M., *50 najlepszych (i najgorszych) interesów w historii biznesu*, Warszawa 2002.

Csikszentmihalyi M., *Przepływ: psychologia optymalnego doświadczenia*, Wrocław 2005.

Davis R.C., Lindsmith B., *Ludzie renesansu: umysły, które ukształtowały erę nowożytną*, Poznań 2012.

Davis R.D., Braun E.M., *Dar dysleksji. Dlaczego niektórzy zdolni ludzie nie umieją czytać i jak mogą się nauczyć*, Poznań 2001.

Dearlove D., *Biznes w stylu Richarda Bransona. 10 tajemnic twórcy megamarki*, Gdańsk 2009.

DeVos D., *Podstawy wolności. Wartości decydujące o sukcesie jednostek i społeczeństw*, Konstancin-Jeziorna 1998.

DeVos R.M., Conn Ch.P., *Uwierz! Credo człowieka czynu, współzałożyciela Amway Corporation, hołdującego zasadom, które uczyniły Amerykę wielką*, Warszawa 1994.

Dixit A.K., Nalebuff B.J., *Myślenie strategiczne. Jak zapewnić sobie przewagę w biznesie, polityce i życiu prywatnym*, Gliwice 2009.

Dixit A.K., Nalebuff B.J., *Sztuka strategii. Teoria gier w biznesie i życiu prywatnym*, Warszawa 2009.

Dobson J., *Jak budować poczucie wartości w swoim dziecku*, Lublin 1993.

Doskonalenie strategii (seria Harvard Bussines Review), praca zbiorowa, Gliwice 2006.

Dryden G., Vos J., *Rewolucja w uczeniu*, Poznań 2000.

Dyer W.W., *Kieruj swoim życiem*, Warszawa 2012.

Dyer W.W., *Pokochaj siebie*, Warszawa 2008.

Edelman R.C., Hiltabiddle T.R., Manz Ch.C., *Syndrom miłego człowieka*, Gliwice 2010.

Eichelberger W., Forthomme P., Nail F., *Quest. Twoja droga do sukcesu. Nie ma prostych recept na sukces, ale są recepty skuteczne*, Warszawa 2008.

Enkelmann N.B., *Biznes i motywacja*, Łódź 1997.

Eysenck H. i M., *Podpatrywanie umysłu. Dlaczego ludzie zachowują się tak, jak się zachowują?*, Gdańsk 1996.

Ferriss T., *4-godzinny tydzień pracy. Nie bądź płatnym niewolnikiem od 7.00 do 17.00*, Warszawa 2009.

Flexner J.T., *Waschington. Człowiek niezastąpiony*, Warszawa 1990.

Forward S., Frazier D., *Szantaż emocjonalny: jak obronić się przed manipulacją i wykorzystaniem*, Gdańsk 2011.

Frankl V.E., *Człowiek w poszukiwaniu sensu*, Warszawa 2009.

Fraser J.F., *Jak Ameryka pracuje*, Przemyśl 1910.

Freud Z., *Wstęp do psychoanalizy*, Warszawa 1994.

Fromm E., *Mieć czy być*, Poznań 2009.

Fromm E., *Niech się stanie człowiek. Z psychologii etyki*, Warszawa 2005.

Fromm E., *O sztuce miłości*, Poznań 2002.

Fromm E., *O sztuce słuchania. Terapeutyczne aspekty psychoanalizy*, Warszawa 2002.

Fromm E., *Serce człowieka. Jego niezwykła zdolność do dobra i zła*, Warszawa 2000.

Fromm E., *Ucieczka od wolności*, Warszawa 2001.

Fromm E., *Zerwać okowy iluzji*, Poznań 2000.

Galloway D., *Sztuka samodyscypliny*, Warszawa 1997.

Gardner H., *Inteligencje wielorakie – teoria w praktyce*, Poznań 2002.

Gawande A., *Potęga checklisty: jak opanować chaos i zyskać swobodę w działaniu*, Kraków 2012.

Gelb M.J., *Leonardo da Vinci odkodowany*, Poznań 2005.

Gelb M.J., Miller Caldicott S., *Myśleć jak Edison*, Poznań 2010.

Gelb M.J., *Myśleć jak geniusz*, Poznań 2004.

Gelb M.J., *Myśleć jak Leonardo da Vinci*, Poznań 2001.

Giblin L., *Umiejętność postępowania z innymi...*, Kraków 1993.

Girard J., Casemore R., *Pokonać drogę na szczyt*, Warszawa 1996.

Glass L., *Toksyczni ludzie*, Poznań 1998.

Godlewska M., *Jak pokonałam raka*, Białystok 2011.

Godwin M., *Kim jestem? 101 dróg do odkrycia siebie*, Warszawa 2001.

Goleman D., *Inteligencja emocjonalna*, Poznań 2002.

Gordon T., *Wychowywanie bez porażek szefów, liderów, przywódców*, Warszawa 1996.

Gorman T., *Droga do skutecznych działań. Motywacja*, Gliwice 2009.

Gorman T., *Droga do wzrostu zysków. Innowacja*, Gliwice 2009.

Greenberg H., Sweeney P., *Jak odnieść sukces i rozwinąć swój potencjał*, Warszawa 2007.

Habeler P., Steinbach K., *Celem jest szczyt*, Warszawa 2011.

Hamel G., Prahalad C.K., *Przewaga konkurencyjna jutra*, Warszawa 1999.

Hamlin S., *Jak mówić, żeby nas słuchali*, Poznań 2008.

Hill N., *Klucze do sukcesu*, Warszawa 1998.

Hill N., *Magiczna drabina do sukcesu*, Warszawa 2007.

Hill N., *Myśl!... i bogać się. Podręcznik człowieka interesu*, Warszawa 2012.

Hill N., *Początek wielkiej kariery*, Gliwice 2009.

Ingram D.B., Parks J.A., *Etyka dla żółtodziobów, czyli wszystko, co powinieneś wiedzieć o...*, Poznań 2003.

Jagiełło J., Zuziak W. [red.], *Człowiek wobec wartości*, Kraków 2006.

James W., *Pragmatyzm*, Warszawa 2009.

Jamruszkiewicz J., *Kurs szybkiego czytania*, Chorzów 2002.

Johnson S., *Tak czy nie. Jak podejmować dobre decyzje*, Konstancin-Jeziorna 1995.

Jones Ch., *Życie jest fascynujące*, Konstancin-Jeziorna 1993.

Kanter R.M., *Wiara w siebie. Jak zaczynają się i kończą dobre i złe passy*, Warszawa 2006.

Keller H., *Historia mojego życia*, Warszawa 1978.

Kirschner J., *Zwycięstwo bez walki. Strategie przeciw agresji*, Gliwice 2008.

Koch R., *Zasada 80/20. Lepsze efekty mniejszym nakładem sił i środków*, Konstancin-Jeziorna 1998.

Kopmeyer M.R., *Praktyczne metody osiągania sukcesu*, Warszawa 1994.

Ksenofont, *Cyrus Wielki. Sztuka zwyciężania*, Warszawa 2008.

Kuba A., Hausman J., *Dzieje samochodu*, Warszawa 1973.

Kumaniecki K., *Historia kultury starożytnej Grecji i Rzymu*, Warszawa 1964.

Lamont G., *Jak podnieść pewność siebie*, Łódź 2008.

Leigh A., Maynard M., *Lider doskonały*, Poznań 1999.

Littauer F., *Osobowość plus*, Warszawa 2007.

Loreau D., *Sztuka prostoty*, Warszawa 2009.

Lott L., Intner R., Mendenhall B., *Autoterapia dla każdego. Spróbuj w osiem tygodni zmienić swoje życie*, Warszawa 2006.

Maige Ch., Muller J.-L., *Walka z czasem. Atut strategiczny przedsiębiorstwa*, Warszawa 1995.

Mansfield P., *Jak być asertywnym*, Poznań 1994.

Martin R., *Niepokorny umysł. Poznaj klucz do myślenia zintegrowanego*, Gliwice 2009.

Maslow A., *Motywacja i osobowość*, Warszawa 2009.

Matusewicz Cz., *Wprowadzenie do psychologii*, Warszawa 2011.

Maxwell J.C., *21 cech skutecznego lidera*, Warszawa 2012.

Maxwell J.C., *Tworzyć liderów, czyli jak wprowadzać innych na drogę sukcesu*, Konstancin-Jeziorna 1997.

Maxwell J.C., *Wszyscy się komunikują, niewielu potrafi się porozumieć*, Warszawa 2011.

McCormack M.H., *O zarządzaniu*, Warszawa 1998.

McElroy K., *Jak inwestować w nieruchomości. Znajdź ukryte zyski, których większość inwestorów nie dostrzega*, Osielsko 2008.

McGee P., *Pewność siebie. Jak mała zmiana może zrobić wielką różnicę*, Gliwice 2011.

McGrath H., Edwards H., *Trudne osobowości. Jak radzić sobie ze szkodliwymi zachowaniami innych oraz własnymi*, Poznań 2010.

Mellody P., Miller A.W., Miller J.K., *Toksyczna miłość i jak się z niej wyzwolić*, Warszawa 2013.

Melody B., *Koniec współuzależnienia*, Poznań 2002.

Miller M., *Style myślenia*, Poznań 2000.

Mingotaud F., *Sprawny kierownik. Techniki osiągania sukcesów*, Warszawa 1994.
MJ DeMarco, *Fastlane milionera*, Katowice 2012.
Morgenstern J., *Jak być doskonale zorganizowanym*, Warszawa 2000.
Nay W.R., *Związek bez gniewu. Jak przerwać błędne koło kłótni, dąsów i cichych dni*, Warszawa 2011.
Nierenberg G.I., *Ekspert. Czy nim jesteś?*, Warszawa 2001.
Ogger G., *Geniusze i spekulanci, Jak rodził się kapitalizm*, Warszawa 1993.
Osho, *Księga zrozumienia. Własna droga do wolności*, Warszawa 2009.
Parkinson C.N., *Prawo pani Parkinson*, Warszawa 1970.
Peale N.V., *Entuzjazm zmienia wszystko. Jak stać się zwycięzcą*, Warszawa 1996.
Peale N.V., *Możesz, jeśli myślisz, że możesz*, Warszawa 2005.
Peale N.V., *Rozbudź w sobie twórczy potencjał*, Warszawa 1997.
Peale N.V., *Uwierz i zwyciężaj. Jak zaufać swoim myślom i poczuć pewność siebie*, Warszawa 1999.

Pietrasiński Z., *Psychologia sprawnego myślenia*, Warszawa 1959.
Pilikowski J., *Podróż w świat etyki*, Kraków 2010.
Pink D.H., *Drive*, Warszawa 2011.
Pirożyński M., *Kształcenie charakteru*, Poznań 1999.
Pismo Święte Starego i Nowego Testamentu. Biblia Tysiąclecia, Warszawa 2002.
Pismo Święte w Przekładzie Nowego Świata, 1997.
Popielski K., *Psychologia egzystencji. Wartości w życiu*, Lublin 2009.
Poznaj swoją osobowość, Bielsko-Biała 1996.
Przemieniecki J., *Psychologia jednostki. Odkoduj szyfr do swego umysłu*, Warszawa 2008.
Pszczołowski T., *Umiejętność przekonywania i dyskusji*, Gdańsk 1998.
Reiman T., *Potęga perswazyjnej komunikacji*, Gliwice 2011.
Robbins A., *Nasza moc bez granic. Skuteczna metoda osiągania życiowych sukcesów za pomocą NLP*, Konstancin-Jeziorna 2009.
Robbins A., *Obudź w sobie olbrzyma… i miej wpływ na całe swoje życie – od zaraz*, Poznań 2002.

Robbins A., *Olbrzymie kroki*, Warszawa 2001.

Robert M., *Nowe myślenie strategiczne: czyste i proste*, Warszawa 2006.

Robinson J.W., *Imperium wolności. Historia Amway Corporation*, Warszawa 1997.

Rose C., Nicholl M.J., *Ucz się szybciej, na miarę XXI wieku*, Warszawa 2003.

Rose N., *Winston Churchill. Życie pod prąd*, Warszawa 1996.

Rychter W., *Dzieje samochodu*, Warszawa 1962.

Ryżak Z., *Zarządzanie energią kluczem do sukcesu*, Warszawa 2008.

Savater F., *Etyka dla syna*, Warszawa 1996.

Schäfer B., *Droga do finansowej wolności. Pierwszy milion w ciągu siedmiu lat*, Warszawa 2011.

Schäfer B., *Zasady zwycięzców*, Warszawa 2007.

Scherman J.R., *Jak skończyć z odwlekaniem i działać skutecznie*, Warszawa 1995.

Schuller R.H., *Ciężkie czasy przemijają, bądź silny i przetrwaj je*, Warszawa 1996.

Schwalbe B., Schwalbe H., Zander E., *Rozwijanie osobowości. Jak zostać sprzedawcą doskonałym*, tom 2, Warszawa 1994.

Schwartz D.J., *Magia myślenia kategoriami sukcesu*, Konstancin-Jeziorna 1994.

Schwartz D.J., *Magia myślenia na wielką skalę. Jak zaprząc duszę i umysł do wielkich osiągnięć*, Warszawa 2008.

Scott S.K., *Notatnik milionera. Jak zwykli ludzie mogą osiągać niezwykłe sukcesy*, Warszawa 1997.

Sedlak K. [red.], *Jak poszukiwać i zjednywać najlepszych pracowników*, Kraków 1995.

Seiwert L.J., *Jak organizować czas*, Warszawa 1998.

Seligman M.E.P., *Co możesz zmienić, a czego nie możesz*, Poznań 1995.

Seligman M.E.P., *Pełnia życia*, Poznań 2011.

Seneka, *Myśli*, Kraków 1989.

Sewell C., Brown P.B., *Klient na całe życie, czyli jak przypadkowego klienta zmienić w wiernego entuzjastę naszych usług*, Warszawa 1992.

Słownik pisarzy antycznych, Warszawa 1982.

Smith A., *Umysł*, Warszawa 1989.

Spector R., *Amazon.com. Historia przedsiębiorstwa, które stworzyło nowy model biznesu*, Warszawa 2000.

Spence G., *Jak skutecznie przekonywać... wszędzie i każdego dnia*, Poznań 2001.
Sprenger R.K., *Zaufanie # 1*, Warszawa 2011.
Staff L., *Michał Anioł*, Warszawa 1990.
Stone D.C., *Podążaj za swymi marzeniami*, Konstancin-Jeziorna 1998.
Swiet J., *Kolumb*, Warszawa 1979.
Szurawski M., *Pamięć. Trening interaktywny*, Łódź 2004.
Szyszkowska M., *W poszukiwaniu sensu życia*, Warszawa 1997.
Tatarkiewicz W., *O szczęściu*, Warszawa 1979.
Tavris C., Aronson E., *Błądzą wszyscy (ale nie ja)*, Sopot–Warszawa 2008.
Tracy B., *Milionerzy z wyboru. 21 tajemnic sukcesu*, Warszawa 2002.
Tracy B., *Plan lotu. Prawdziwy sekret sukcesu*, Warszawa 2008.
Tracy B., Scheelen F.M. *Osobowość lidera*, Warszawa 2001.
Tracy B., *Sztuka zatrudniania najlepszych. 21 praktycznych i sprawdzonych technik do wykorzystania od zaraz*, Warszawa 2006.

Tracy B., *Turbostrategia. 21 skutecznych sposobów na przekształcenie firmy i szybkie zwiększenie zysków*, Warszawa 2004.

Tracy B., *Zarabiaj więcej i awansuj szybciej. 21 sposobów na przyspieszenie kariery*, Warszawa 2007.

Tracy B., *Zarządzanie czasem*, Warszawa 2008.

Tracy B., *Zjedz tę żabę. 21 metod podnoszenia wydajności w pracy i zwalczania skłonności do zwlekania*, Warszawa 2005.

Twentier J.D., *Sztuka chwalenia ludzi*, Warszawa 1998.

Urban H., *Moc pozytywnych słów*, Warszawa 2012.

Ury W., *Odchodząc od nie. Negocjowanie od konfrontacji do kooperacji*, Warszawa 2000.

Vitale J., *Klucz do sekretu. Przyciągnij do siebie wszystko, czego pragniesz*, Gliwice 2009.

Waitley D., *Być najlepszym*, Warszawa 1998.

Waitley D., *Imperium umysłu*, Konstancin–Jeziorna 1997.

Waitley D., *Podwójne zwycięstwo*, Warszawa 1996.

Waitley D., *Sukces zależy od właściwego momentu*, Warszawa 1997.

Waitley D., Tucker R.B., *Gra o sukces. Jak zwyciężać w twórczej rywalizacji*, Warszawa 1996.

Walton S., Huey J., *Sam Walton. Made in America*, Warszawa 1994.

Waterhouse J., Minors D., Waterhouse M., *Twój zegar biologiczny. Jak żyć z nim w zgodzie*, Warszawa 1993.

Wegscheider-Cruse S., *Poczucie własnej wartości. Jak pokochać siebie*, Gdańsk 2007.

Wilson P., *Idealna równowaga. Jak znaleźć czas i sposób na pełnię życia*, Warszawa 2010.

Ziglar Z., *Do zobaczenia na szczycie*, Warszawa 1995.

Ziglar Z., *Droga na szczyt*, Konstancin–Jeziorna 1995.

Ziglar Z., *Ponad szczytem*, Warszawa 1995.

INNE KSIĄŻKI WYDAWCY

Wersje audio i e-book dostępne u naszych partnerów.
Audiobook – Audioteka i Storytel
E-book – Empik i Nexto

INNE KSIĄŻKI WYDAWCY

Wersje audio i e-book dostępne u naszych partnerów.
Audiobook – Audioteka i Storytel
E-book – Empik i Nexto

INNE KSIĄŻKI WYDAWCY

Wersje audio i e-book dostępne u naszych partnerów.
Audiobook – Audioteka i Storytel
E-book – Empik i Nexto

www.ingramcontent.com/pod-product-compliance
Lightning Source LLC
LaVergne TN
LVHW041951070526
838199LV00051BA/2986